EINBLICKE
Bilder und Berichte

Die Evangelische Kirche
von Kurhessen-Waldeck

Evangelischer Medienverband Kassel

Impressum

Verlag Evangelischer Medienverband Kassel
2. Auflage 2004

ISBN 3-89477-928-4

Layout und Satz: Gerhard Jost
Druck: Repro+Druck Boxan, Kassel

Ein Porträt, das einladen will

„Einblicke. Bilder und Berichte" - so heißt der Bildband, mit dem sich die Evangelische Kirche von Kurhessen-Waldeck vorstellt.

Ich freue mich, dass dieses Porträt unserer Landeskirche in Bild und Wort jetzt vorliegt.

Zehn Autorinnen und Autoren haben sich auf den Weg gemacht, um unsere Landeskirche, die Kirchengemeinden, Städte und Dörfer, Menschen und Landschaften, Geschichte und Gegenwart in Bildern und Texten zu beschreiben.

Es ist eine Reise geworden, die von Bad Karlshafen an der Weser bis zum Frankfurter Stadtteil Bergen-Enkheim, von Willingen im Waldeckschen Upland bis nach Schmalkalden in Thüringen führt.

Bilder und Berichte können gewiss nur Skizzen liefern: Die Porträts der 28 Kirchenkreise in der Evangelischen Kirche von Kurhessen-Waldeck stellen bewußt eine individuell gefärbte Auswahl dar. Aber gerade deshalb wollen sie dazu anregen, auf eigenen Pfaden unsere Landeskirche zu erkunden.

Der Bildband ist eine Einladung, die Schönheit, Vielfalt und Lebendigkeit unserer Landeskirche kennenzulernen. Diese Einladung richtet sich an Gäste unserer Landeskirche, an Freunde aus der Nähe und der Ferne. Zugleich bin ich mir sicher, dass auch Menschen, die in Kurhessen-Waldeck ihre Heimat haben, mit diesem Buch Vertrautes in neuem Licht erleben sowie Neues und Überraschendes entdecken werden.

Dr. Martin Hein
Bischof

Kirche der Mitte

Will man die Evangelische Kirche von Kurhessen-Waldeck insgesamt einordnen und diese Einordnung auf den Begriff bringen, so hat es sich zunehmend eingebürgert, von der „Kirche der Mitte" zu sprechen. Schon ein flüchtiger Blick auf die Landkarte Deutschlands, vor allem nach der Vereinigung, oder auf die Gemeindegliederzahlen in den Mitgliedskirchen der EKD belegt es augenfällig: Da liegt Kurhessen-Waldeck geographisch und statistisch ziemlich genau in der Mitte. Neben dieser sehr formalen Betrachtungsweise könnte die Bezeichnung „Kirche der Mitte" auch eine Ortsangabe im übertragenen Sinne sein.

Grabmal von Philipp dem Großmütigen in der Kasseler Martinskirche

Ein gewichtiger Grund für diese Annahme reicht bis in die Reformationszeit zurück zum Landgrafen Philipp von Hessen. Dieser bedeutende Landgraf hatte es sich vorgenommen, zwischen zwinglischer und lutherischer Abendmahlsauffassung vermitteln zu wollen, um ein gemeinsames politisches Abwehrbündnis gegenüber der katholischen Seite zu erreichen. Das war, wie der Ausgang des Marburger Religionsgesprächs 1529 zeigte, zunächst erfolglos. Doch dieses unbefriedigende Ergebnis entmutigte Philipp nicht. Im Gegenteil! Der hessische Landgraf stand wohl auch dem Wort nach Pate für die „Kirche der Mitte", wenn er 1534 in den Auseinandersetzungen um die angemessene Abendmahlslehre einem anderen deutschen Landesfürsten brieflich den Rat gab, dieser solle doch ebenfalls „ein Mittelstraßen zwischen den Lutherischen und Zwinglischen" gehen.

Verabschiedung von Bischof Dr. Christian Zippert und Einführung von Bischof Dr. Martin Hein in der Martinskirche Kassel

Tatsächlich ist es während der folgenden Jahrhunderte die Position dieser Kirche geworden, widerstreitende Richtungen in sich aufzunehmen, auszuhalten und miteinander vermitteln zu wollen. Das war kein einfaches Unterfangen, zumal die „Mittelstraße" nicht von vornherein feststand und man sich leicht zwischen allen Stühlen wiederfinden konnte.

Doch zunächst sollen fünf allgemeine Rahmenbedingungen genannt werden, die die Evangelische Kirche von Kurhessen-Waldeck nach 1945 „mitten in Deutschland" vorfand.

Wiederaufbau

Nicht erst mit dem Ende der nationalsozialistischen Diktatur trat das Ausmaß der Schäden vor Augen, die durch den Krieg auch in Kurhessen-Waldeck verursacht worden waren. Bereits im Oktober 1943 war mit Kassel die größte Stadt und das Zentrum der Landeskirche zu 78% zerstört worden - darunter 17 Kirchen. Wenige Wochen vor Kriegsende, im März 1945, traf es Hanau, die zweitgrößte Stadt innerhalb Kurhessen-Waldecks: Hier wurden 86,5 % der Innenstadtfläche vernichtet - ganz abgesehen von der Zahl der Opfer, die diese Bombardements unter der Bevölkerung forderten. Wirtschaftlich waren damit beide Städte bis auf weiteres lahmgelegt. Deshalb kann es nicht verwundern, daß für Kassel im Norden wie für Hanau im Süden der Landeskirche nach dem Krieg der Wiederaufbau allererste Priorität besaß und mit Entschiedenheit angegangen wurde. Die später bisweilen beklagte Gesichtslosigkeit beider Städte war die Kehrseite der Notwendigkeit, in kürzester Zeit Wohnraum und Arbeitsmöglichkeiten zu schaffen. Bestimmendes Kennzeichen jener Wiederaufbauära war begreiflicherweise der Gedanke der Funktionalität.

Stadt-Land-Gefälle

Natürlich gab es auch andernorts in Kurhessen-Waldeck kriegsbedingte Zerstörungen zu beklagen, doch längst nicht in diesem Ausmaß wie in Kassel und Hanau. Das verdeutlicht eine zweite Rahmenbedingung: Abgesehen von den beiden industriellen Zentren im Norden und Süden überwiegt in dieser Landeskirche der ländliche Bereich. Für die unmittelbare Nachkriegszeit war dies bestimmt kein Nachteil. Entsprechend folgenreich mußte aber der Wandel sein, der seit den 60er Jahren den ländlichen Raum erfaßte und angesichts fehlender Arbeitsplätze zur bekannten „Landflucht" führte - was Kurhessen-Waldeck insgesamt stärker zu spüren bekam als andere Regionen. Das Stadt-Land-Gefälle zwischen den beiden städtischen Ballungszentren einerseits und dem übrigen Gebiet ist seither immer noch bestimmend.

Landschaft in Kurhessen-Waldeck: Der Knüllwald

Nord-Süd-Gefälle

Eine dritte Rahmenbedingung schließt sich daran an: Im September 1945 war durch die Militärregierung in der amerikanischen Zone der Staat „Groß-Hessen" gebildet worden. Dies bedeutete, daß sich das Territorium der kurhessisch-waldeckischen Landeskirche in einem staatlichen Gebilde wiederfand, das wirtschaftlich gesehen zunehmend durch ein starkes Nord-Süd-Gefällle bestimmt werden sollte. Hinter der ökonomischen Potenz des Rhein-Main-Gebietes, an der die Landeskirche nur im Hanauer Gebiet partizipieren konnte, mußte der nord- und osthessische Raum fast zwangsläufig ins Hintertreffen geraten. Dieses Gefälle konnte - auf die Landeskirche bezogen - trotz verschiedener Versuche auch nicht durch eine Vereinigung beider evangelischer hessischer Landeskirchen ausgeglichen werden. Vom Finanzaufkommen her betrachtet, gehörte Kurhessen-Waldeck daher stets zu den ärmeren Landeskirchen in Deutschland.

Ost-West-Gegensatz

Als vierte Rahmenbedingung wäre der Ost-West-Gegensatz anzuführen. Bis zur Vereinigung Deutschlands 1990 lag Kurhessen-Waldeck an der unmittelbaren Nahtstelle der beiden politischen Machtsphären: Die Zonen- und spätere DDR-Grenze bedingte nicht nur den einstweiligen Verlust des Kirchenkreises Schmalkalden, trennte nicht nur über Jahrhunderte gewachsene Beziehungen nach Thüringen, sondern ließ - wirtschaftlich gesehen - einen Großteil des Gebietes der Landeskirche zum sogenannten „Zonenrandgebiet" werden - mit all den daraus erwachsenden Nachteilen und Beeinträchtigungen.

Schmalkalden: Blick von Schloß Wilhelmsburg auf die Stadtkirche St. Georg

Integration der Heimatvertriebenen

Und schließlich ist eine fünfte Rahmenbedingung zu nennen, die in den beiden ersten Jahrzehnten nach Kriegsende erhebliche

Das Kirchenfenster in der Stadtkirche Homberg zeigt Martin Luther und andere Reformatoren

Anstrengungen erforderte, sich aber um so nachhaltiger auswirkte: die Integration der Heimatvertriebenen. Neben allen weiteren Aspekten hatte sie auch zur Folge, daß die ehedem festen konfessionellen Grenzen innerhalb Kurhessen-Waldecks sich zu verwischen begannen: In nordhessischen Gebieten, die traditionell evangelisch bestimmt waren, wurden Vertriebene aus katholischen Gebieten wie Teilen Schlesiens und des Sudetenlandes, im traditionell katholischen Fuldaer Raum evangelische Ostpreußen angesiedelt, die sich jeweils zunächst als Diaspora erleben mußten, im Lauf der Jahre aber zu einer konfessionellen Begegnung und Vermischung beitrugen.

Das konfessionelle Profil

Die Notwendigkeit, das Zusammenleben der Konfessionen neu zu gestalten, wurde erleichtert durch die Übungen, mit der Reformation innerevangelisch die „Mittelstraße" zu finden.

Als Preußen 1866 Kurhessen annektierte, fand es hier drei Konsistorien vor: ein reformiertes in Kassel, ein lutherisches in Marburg und ein uniertes in Hanau, die jeweils einem genau umgrenzten Kirchengebiet vorstanden. Unter dem Aspekt der Verwaltungsvereinfachung wurden diese Konsistorien zu einem Gesamtkonsistorium in Kassel zusammengelegt. Die 1886 veröffentlichte „Presbyterial- und Synodalordnung" ging faktisch von drei unterschiedlich geprägten Kirchengemeinschaften aus, die nur im Konsistorium und in der Gesamtsynode vereint waren - mit der Einschränkung, sofern keine konfessionell relevanten Fragen wie etwa Gottesdienstordnungen verhandelt wurden, für deren Erörterung eigens konfessionell ausgerichtete Unterabteilungen gebildet wurden. Jeder dieser Kirchengemeinschaften stand ein eigener Generalsuperintendent vor. Träger der Konfession war also nicht die Landeskirche, sondern waren die drei Kirchengemeinschaften.

Dies änderte sich nach 1918 insofern, als nun die Bekenntnisfrage in der Verfassung explizit auf die Gemeindeebene angesiedelt wurde, wogegen die bisherigen bekenntnismäßig ausgerichteten Kirchengemeinschaften ihre Bedeutung verloren. Die Landeskirche selbst sollte nichts anderes als „evangelisch" sein. Träger der Konfession waren die Kirchengemeinden. Sie mußten aber nicht konfessionell ausgerichtet bleiben; die Verfassung räumte ihnen ausdrücklich die Möglichkeit ein, ihre Konfessionsbezeichnung abzulegen und sich allein „evangelisch" zu nennen.

Schlößchen Schönburg in Hofgeismar, Sitz der Evangelischen Akademie

Eine „Evangelische Landeskirche" (ohne nähere Konfessionsbezeichnung) zu sein, erschien eher als Ausdruck konfessioneller Verlegenheit. Es brauchte Zeit, hierzu eine befriedigende Antwort zu finden. Nach 1945 hatte anderes Vorrang. Aber die Bekenntnisfrage schwelte weiter. Die erwähnte Ansiedlung der Heimatvertriebenen mochte da beides bewirken: eine vermehrte Rückfrage nach dem Bekenntnis der Landeskirche ebenso wie auch eine Nivellierung des konfessionellen Problems. Nach 1945 aber schaffte eine „Not-Synode" im konstitutionellen Bereich Fakten: Man verabschiedete ein „Leitungsgesetz", das neben dem Bischofsamt auch die Funktionen der weiteren kirchenleitenden Organe (Landeskirchenamt, Pröpste, Rat der Landeskirche und Landessynode) umschrieb und ersetzte damit die entsprechenden Passagen der bisherigen Verfassung von 1924, ohne daß diese grundsätzlich außer Kraft treten mußte. Anschließend wählte die Notsynode den Kasseler Pfarrer Adolf Wüstemann zum Bischof. Kurhessen-Waldeck war fortan eine deutlich episkopal geprägte Landeskirche.

Erst der Grundordnung von 1967 gelang es, die Bezeichnung „evangelisch" positiv als Ergebnis einer geschichtlichen Entwicklung aufzunehmen, die sich im Raum dieser Landeskirche vollzogen habe. In der Präambel der Grundordnung heißt es: „Sie ist vor allem durch das Augsburgische Bekenntnis und die von ihm aufgenommenen altkirchlichen Symbole geprägt und in der Vielfalt der überlieferten Bekenntnisse der Reformation zu einer Kirche zusammengewachsen." Darin drückt sich die eigenständige geschichtliche Verwirklichung einer innerevangelischen Ökumene aus.

Diese evangelische Ökumenizität, die nicht mit einer 'Union' zu verwechseln ist, fand darin ihren Ausdruck, daß die Evangelische Kirche von Kurhessen-Waldeck zu den ersten Kirchen gehörte, die 1973 die Leuenberger Konkordie unterzeichneten. Die Übereinstimmung, die hier auf europäischer Ebene formuliert wurde, kann gewissermaßen als die Fortsetzung einer Bewegung betrachtet werden, in die Kurhessen-Waldeck seit der Reformationszeit mit den erwähnten Vermittlungsbemühungen Philipps involviert war. Insofern ist die Frage, was die Landeskirche denn nun sei: lutherisch, reformiert oder uniert, sehr schlicht, aber treffend zu beantworten: Sie ist evangelisch.

Das gottesdienstliche Profil

Wenn die Präambel der Grundordnung proklamierte, die Landeskirche sei „in der Vielfalt der überlieferten Bekenntnisse der Reformation zu einer Kirche zusammengewachsen", dann dokumentierte dies die gemeinsame Agende. 1968, ein Jahr nach der Verabschiedung der Kirchenverfassung, erschien Agende I („Die sonntäglichen Gottesdienste"); 1975, ein Vierteljahrhundert nach dem Beginn der Arbeiten, war das vierbändige Agendenwerk abgeschlossen. Durch ihren liturgischen Gebrauch trug die Agende mehr als jede noch so feierliche Verlautbarung dazu bei, daß in der Landeskirche die Frage nach dem konfessionell Trennenden zurücktrat zugunsten der Erfahrung des Gemeinsamen und Einenden.

Der hohe Grad an Identifikation mit dem eigenen Agendenwerk und das damit verbundene Selbstbewußtsein mögen mitentscheidende Gründe dafür gewesen sein, daß sich Kurhessen-Waldeck im Zuge der Agendenreformen, die seit den 80er Jahren einsetzten, nicht an den Arbeiten zur „Erneuerten Agende" von Vereinigter Evangelisch-Lutherischer Kirche und Evangelischer Kirche der Union beteiligte, sondern sich 1992 entschloß, die eigene Agende zu erneuern. Seit 1994 ist das neue Ordinarium gottesdienstlich eingeführt, das vier Gottesdienstordnungen umfaßt: den Gottesdienst (als Predigt- oder Wortgottesdienst), den Abendmahlsgottesdienst, den Taufgottesdienst sowie den Buß- und Bittgottesdienst. Am 29. November 1995 verabschiedete die Synode auch das sogenannte "Proprium", also die wechselnden Stücke des Gottesdienstes.

Die neue Agende von 1994

Das diakonische Profil

Die unmittelbaren Nöte der Nachkriegszeit erforderten über die traditionellen Felder kirchlicher Diakonie hinaus in höchst unterschiedlicher und vielfältiger Weise diakonische Hilfestellungen - von der Unterstützung in den ausgebombten Zentren der Landeskirche über die Betreuung Heimatvertriebener und Kriegsheimkehrer, die Hessen als Durchgangs- oder Bleibeland erreichten, bis hin etwa zur sogenannten „Osthilfe": alles Aufgaben, die auf landeskirchlicher Ebene im Rahmen des „Evangelischen Hilfswerks" angegangen wurden, das in Treysa-Hephata auf der Kirchenkonferenz am 31. August 1945 gegründet wurde.

Die eminente Entfaltung diakonischer Tätigkeit in Kurhessen-Waldeck war keine spezifische Erscheinung innerhalb der Evangelischen Kirche in Deutschland, sondern eher Ausdruck einer allgemeinen Tendenz, wenngleich allein das Anwachsen der Mitarbeiterschaft recht eindrücklich für sich spricht: Waren es im Bereich der Landeskirche 1975 noch rund 4.000 ganztags, halbtags oder nebenamtlich Beschäftigte, so vergrößerte sich diese Zahl bis 1993 um mehr als das Doppelte auf 9.500.

Es war die kurhessisch-waldeckische Landeskirche, die im September 1950 als erste evangelische Landeskirche ein Kirchengesetz verabschiedete, durch das die gesamte diakonische Arbeit auf dem Weg der Gründung eines gemeinsamen Landesverbandes koordiniert wurde und der die alte „Innere Mission" mit dem Evangelischen Hilfswerk vereinigte.

Und 1975 war erneut diese Landeskirche die erste, die mit der Verabschiedung eines „Diakoniegesetzes" den veränderten Gegebenheiten von Kirche und Diakonie im Sozialwesen „unter Berücksichtigung ihres Selbstverständnisses" Rechnung trug. Eine wesentliche Neuerung hierin war die Einrichtung von Gemeinde-Diakonieausschüssen. Diese sollen seither die diakonische Verantwortung der Kirchengemeinden nicht nur zum Ausdruck bringen, sondern zugleich auch fördern. Im Herbst 1989, wenige Wochen nach der Grenzöffnung, machte die Landessynode die diakonische Arbeit erneut zum Hauptthema ihrer Beratungen, um eine Bestandsaufnahme zu vollziehen und Perspektiven ihrer weiteren Entwicklung zu benennen. Dabei ging es auch um die rechte Zuordnung von Kirche und Diakonie.

Das Hessische Diakoniezentrum Hephata

Welchen Herausforderungen sich die Landeskirche am Anfang eines neuen Jahrhunderts wird stellen müssen, wie sie die genannten Profile weiterenwickelt und welche Konturen sich unter Umständen darüber hinaus herausbilden, ist eine offene Frage. Der Begriff „Kirche der Mitte" kann nach allem Gesagten weder Profillosigkeit noch Provinzialität meinen, sondern sollte als Ausdruck zugleich selbstbewußter Eigenständigkeit wie Offenheit verstanden werden.

Martin Hein

(entnommen aus: Jahrbuch der Hessischen Kirchengeschichtlichen Vereinigung 47, 1996, 173-186; gekürzt)

Waldeck - im Wandel

Vom Fürstentum zum Teil eines Landkreises, von der Landeskirche zum Teil eines Sprengels

Waldeck in Zahlen

Größe: Das Fürstentum Waldeck umfaßte 1.055,43 qkm, hinzu kamen noch die 65,53 qkm des Fürstentums Pyrmont. Bevölkerungszahlen: Anfang des 16. Jahrhunderts wurden die Einwohner Waldecks auf 30.000 geschätzt, 1800 lebten etwa 42.000 Menschen in 13 Städten, 95 Dörfern und etwa 20 Domänen. Das waren weniger Menschen als 1618 vor Beginn des dreißigjährigen Krieges. Nach der Volkszählung am 16.6.1925 umfaßte die Gesamtbevölkerung 66.769 Personen (Waldeck 55.816, Pyrmont 10.953).

Konfessionelle Statistik: 1871 verzeichnete die Ev. Landeskirche 54.055 Mitglieder. 1925 waren es 61.877 (Waldeck 51.985, Pyrmont 9.892), das entsprach 92,6 % der Gesamtbevölkerung. (1925 betrug die „landeskirchlich evangelische Bevölkerung" Deutschlands 63,26 %). Die Entwicklung des katholischen Bevölkerungsanteils verlief ansteigend. 1871 gab es insgesamt 1.305 Katholiken. Ihre Zahl verdoppelte sich 1925 auf 2.974 (Waldeck 2.286, Pyrmont 688). 1925 betrug ihr Anteil in Waldeck 4,0 %, in Pyrmont 6,3 % und im deutschen Reich 32,35 %. Die Zahl der Juden verringerte sich von etwa 890 Personen 1871, über 639 in 1910 auf 526 in 1925 (Waldeck 477, Pyrmont 49). 1925 entsprach dies 0,7 % der Gesamtbevölkerung.

Wirtschaft: Durch die Jahrhunderte hindurch litt Waldeck an finanzieller Schwäche. Es gab kaum Bodenschätze. Bei weitem überwogen daher Forst- und Landwirtschaft als Einnahmequellen. Gerade Fürst Friedrich Anton Ulrich (Regent 1706-1728) brachte durch seinen barocken Lebensstil (Neubauten u. a.: Schloß Pyrmont 1706, Schloß Friedrichstein 1707-1717, Residenzschloß Arolsen mit Stadtanlage 1710-1728) das Land an den Rand des Staatsbankrotts. Die Tilgung der hohen Staatsschulden dauerte bis Mitte des 19. Jahrhunderts.

Der Pauperismus war die Ursache für eine starke Auswanderungsbewegung. Allein zwischen 1829 und 1872 beantragten 7.609 Staatsbürger die Entlassung aus dem „hiesigen Untertanenverbande". Im ersten Halbjahr 1882 wanderten wiederum über 200 Menschen aus. Zumeist wollten sie nach Übersee (Lateinamerika, USA). - Bei der Fernwanderung in die Industriegebiete an Rhein und Ruhr ging es oftmals auch ohne die schriftliche Erlaubnis der Regierungskanzlei, später des Kreisrates. Wer Land hatte, blieb. - 1927 legte das Statistische Reichsamt (Berlin) die Auswertung der Zählung aller Gewerbebetriebe vom 16.6.1925 vor. Die Aufstellung für den Freistaat Waldeck offenbarte den Fortbestand der wirtschaftlichen Schwäche. Waldeck verfügte insgesamt über 3.431 Gewerbebetriebe (= 0,10 % aller deutschen) mit über 10.965 Beschäftigten (= 0,06 % aller deutschen). Damit lag Waldeck an 17. Stelle der 18 deutschen Freistaaten. In der Land- und Forstwirtschaft arbeiteten 58,8 %, in Industrie und Handwerk 22,7 % und im Gesundheitswesen (Kurbetriebe, Wohlfahrtspflege etc.) nur 1,5 % der Gesamtbevölkerung.

Staat und Kirche in Vergangenheit und Gegenwart

Die beiden Gebiete Waldeck und Pyrmont waren bis zum Ende der Monarchie im November 1918 als „Fürstentum Waldeck und Pyrmont" trotz räumlicher Trennung geschichtlich, politisch und kirchlich eng verbunden. Der gemeinsame Ursprung beider Grafschaften wird in den Beginn des 12. Jahrhunderts auf das westfälische Dynastengeschlecht der Schwalenberger zurückgeführt. Die Grafschaft Waldeck entstand auf dem umkämpften Grenzgebiet zwischen Sachsen und Franken und hat benachbarte Teile beider Volksstämme nicht nur politisch geeint, sondern auch das Selbstbewußtsein geformt, Waldecker zu sein. Bis in die Gegenwart ist daher ein konservativ geprägtes Heimatgefühl erhalten geblieben. 1846 schrieb der Historiker Carl Curtze: „Der Bewohner der Edergegend ist lebendig, mitteilsam und fröhlich, der der anderen Gegenden mehr ernst, gemessen und ruhig; beide Stämme aber sind arbeitssam, anstellig und, wie alle Bergbewohner, ihr Heimatland liebend, insbesondere auch brauchbar im Kriegsdienst." Von dem gemeinsamen Selbstbewußtsein kündete auch das Heimatlied, das 1890 der spätere Konsistorialrat August Koch gedichtet hatte: „Unter allen Ländern deutscher Erde preis ich dich, lieb Heimatland" mit dem Refrain: „Mein liebes, teures Waldeck, es lebe hoch." Das Lied wird noch heute gesungen.

Die politische Behauptung der kleinen Grafschaft gegen übermächtige Nachbarn (Landgrafentum Hessen, das seit 1428 die Lehnsherrschaft beanspruchte, Mainz, Kurköln und Paderborn) erforderte großes politisches Geschick, besonders in der Zeit der Reformation. Das Motto des späteren Fürstenhauses: „Palma sub pondere crescit" - „Die Palme wächst (auch) unter Druck" erinnert an überstandene Bedrohungen wie auch an bewiesene Standhaftigkeit. Der Palmentaler von 1824 symbolisiert die verschiedenen Belastungen durch ein aufgelegtes Gewicht.

Der Palmentaler (1824)

Im 16. Jahrhundert

In der Reformationszeit wurde die Grafschaft lutherisch. Der vertriebene Fritzlarer Kleriker Johann Hefentreger (Trygophorus) brachte 1526 die lutherische Lehre als erster nach Waldeck. Herbeigerufen hatten ihn die beiden gemeinsam regierenden Grafen Philipp III. (1486-1539, Eisenberger Linie) und Philipp IV. (1493-1574, Wildunger Linie), die sich dabei der Unterstützung ihres Lehnsherrn Landgraf Philipp von Hessen sicher waren. Seit 1524 war Hefentreger mit einer ehemaligen Nonne verheiratet. Dieser kluge, theologisch hoch gebildete und organisatorisch begabte Mann wurde der Reformator Waldecks. Zunächst zum Pfarrer in der Stadt Waldeck berufen, hielt er dort am 17. Juni 1526 die erste öffentliche evangelische Predigt im Lande. Seiner Predigt legte er „Die Gleichnisse vom verlorenen Schaf und den verlorenen Groschen" (Lukas 15, 1-10) zugrunde. (Eine Gedenktafel an der Kirche erinnert seit 1926 daran). Im gleichen Jahr war Hefentreger Teilnehmer am Marburger Religionsgespräch zwischen Luther und Zwingli. 1531 ging er nach

Nieder-Wildungen. 1532 gab er eine „Kastenordnung“ heraus, die fortschrittliche Bestimmungen über die Unterstützung der Armen, Ausbildungsbeihilfen für Schüler und die Pfarrerbesoldung enthielt.

Gedenktafel an der Waldecker Stadtkirche

Seiner „Kirchenordnung“ blieb leider die Anerkennung versagt. 1542 verstarb er im Alter von 45 Jahren. Seine Beisetzung erfolgte in der Wildunger Stadtkirche. - Die Durchsetzung des Reformwerks zog sich aber noch länger hin. In der Landeshauptstadt Korbach konnte erst 1543 unter Mitwirkung des Reformators Adam Krafft (Marburg) die Annahme der lutherischen Lehre durchgesetzt werden. Die Auflösung der Klöster folgte meist mit dem Tode des Priors oder der Äbtissin. Im 1566 aufgelösten Kloster Korbach wurde das erste waldeckische Gymnasium (Alte Landesschule) eingerichtet. Auf Graf Philipp III. folgte 1539 sein Sohn Wolrad II (1509-1578). Er nahm 1546 an dem ergebnislosen Religionsgespräch zu Regensburg teil. Der nun folgende Krieg Kaiser Karls V. gegen den „Schmalkaldischen Bund“ (auch Waldeck gehörte wegen Hessen dazu) endete 1547 mit der Niederlage der Evangelischen. Nun sah sich der Kaiser an seinem Ziel, die alte Kirche wiederherzustellen. Er befahl die Verlierer, darunter auch die Waldecker Grafen, vor den Reichstag nach Augsburg. Als Hauptbeschuldigter mußte Graf Wolrad II. mit der „kniefälligen Reverenz“ die Sonderkapitulation erweisen. Zusätzlich sollte der Eisenberger Landesteil sehr hohe Kontributionen leisten. Dem in Ausgburg verabschiedeten Interim (Wiederherstellung der alten Lehre, außer - vorläufig - Laienkelch und Priesterehe) konnte das kleine Land keinen politischen Widerstand entgegensetzen. Graf Wolrad rief nach Eingang des Interimsbescheids die Pfarrer seines Gebietsteils zusammen. Er ermutigte sie, dennoch bei dem evangelischen Glauben zu bleiben. Sollten sie deswegen vom Kaiser geächtet werden, würde er sie gern als seine persönlichen Gäste aufnehmen. Am 17.8.1548 unterschrieben daraufhin 21 Geistliche des Eisenberger Landesteils einen Brief an den Grafen. Darin bekundeten sie, unerschrocken bei der einmal erkannten Wahrheit bleiben zu wollen.

Auch in den anderen Landesteilen wurde das Interim weitgehend abgelehnt. Angesichts eines Fürstenaufstandes (unter Führung von Moritz v. Sachsen, dem Schwiegersohn Landgraf Philipps v. Hessen) mußte Karl V. sehr bald das Interim außer Kraft setzen. 1555 besiegelte der Augsburger Religionsfriede daher die konfessionelle Spaltung Deutschlands. 1566 erfuhr das Werk der Waldecker Reformation seinen Abschluß durch die „Kirchenordnung“. Sie enthielt die verbindlichen Formulare für Gottesdienste, sowie Bestimmungen über Feiertage und geistliche Ämter. Sie erlebte noch zwei weitere, wenig veränderte Auflagen. Damit waren die Grundlagen gelegt für eine von Hessen weitgehend unabhängige, lutherisch geprägte Landeskirche. 1593 erfolgte noch die verpflichtende Annahme des Konkordienbuches.

Im 17. Jahrhundert

Während des 30jährigen Krieges gelangte die Grafschaft Pyrmont 1625 durch einen Erbschaftsvertrag zu Waldeck. Das Testament der Grafen von Pyrmont (1619) hatte die Aufrechterhaltung des lutherischen Bekenntnisses zur Bedingung für die Übernahme des Erbes gemacht. Pyrmont blieb bis 1934 kirchlich mit Waldeck verbunden, obwohl es politisch seit dem 1.4.1922 als Landkreis zur Provinz Hannover gehörte. - Aufgrund des Erstgeburtsvertrags (Pactum primogeniturae) von 1685 fielen mit dem Aussterben der Eisenberger Linie 1692 alle Güter an die Wildunger Linie. Von nun an hatte Waldeck-Pyrmont nur noch einen Regenten. - Im Gegensatz zum Landgrafentum Hessen-Kassel beteiligte sich die Grafschaft nicht an der Aufnahme hugenottischer Glaubensflüchtlinge aus Frankreich.

Im 18. Jahrhundert

Mit Beginn des 18. Jahrhundert erwachte der Pietismus als Gegenbewegung gegen die Erstarrung in der Kirche. Auch in Waldeck spürte man seinen Einfluß. Nicht das Kirchenvolk, sondern Angehörige der gräflichen Familie, des Hofes sowie einige Pfarrer öffneten sich der neuen Richtung. Mitglieder der gräflichen Familie standen in Briefwechsel mit August Hermann Francke (Halle). Sein Waisenhaus erhielt in Pyrmont (1701) und in Niederwildungen (1704) zwei Ableger. In Flechtdorf wurden im ehemaligen Kloster ein Armenhospital (1702) und 1704 ein nur kurzzeitig bestehendes Predigerseminar begründet. Auch im Schulwesen gab es neue Impulse. Gegen das Einwirken des Pietismus formierte sich sehr bald Widerstand, vor allem im Konsistorium

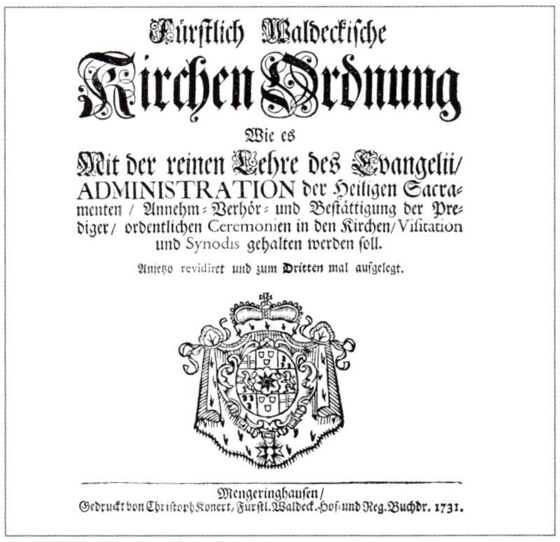

Fürstlich Waldeckische
Kirchen Ordnung
Wie es
Mit der reinen Lehre des Evangelii/
ADMINISTRATION der Heiligen Sacramenten / Annehm- Verhör- und Bestättigung der Prediger/ ordentlichen Ceremonien in den Kirchen/ Visitation und Synodis gehalten werden soll.
Anjetzo revidiret und zum Dritten mal aufgelegt.

Mengeringhausen/
Gedruckt von Christoph Konert, Fürstl. Waldeck. Hof- und Reg. Buchdr. 1731.

Kirchenordnung (1731)

und in der Regierung. Aus politischen Erwägungen schloß sich Graf Friedrich Anton Ulrich (1676-1728) der Ablehnung an und verwies die Pietisten des Landes. Das Pietisten-Edikt "Contra Fanaticos et Pietistas" (Gegen Fanatiker und Pietisten) vom 23.7.1711 wurde von allen Kanzeln verlesen. 1712 / 1717 erfüllte sich ein ehrgeizig verfolgter Wunsch: Kaiser Karl VI. erhob die Grafschaft in den Stand eines erblichen, reichsunmittelbaren Fürstentums. Dennoch behielt sich das Landgrafentum Hessen weiterhin Ansprüche als Lehnsherr vor.

Im 19. Jahrhundert

Am 23.1.1821 vollzog die Landeskirche Waldeck-Pyrmont die Union mit den drei kleinen, reformierten Kirchengemeinden Arolsen, Nieder-Wildungen und Züschen. Ohne wesentliche theologische Reflexionen wurde die Abendmahls- und Verfassungsgemeinschaft hergestellt. Erst ab 1850 formierte sich in der Pfarrerschaft eine lutherisch gesonnene Opposition. Unter dem Einfluß von Pfarrer Rudolf Rocholl (Sachsenberg) schieden deswegen die „separierten Lutheraner“ (etwa 320) aus der Landeskirche aus und erlangten 1866 die Korporationsrechte für ihre Gemeinden im Fürstentum (Bergheim und Korbach). Sie schlos-

Die fürstliche Familie:
Friedrich und Bathildis mit ihren Kindern

sen sich den Altlutheranern in Preußen an, der späteren Selbständigen Evangelisch-Lutherischen Kirche (SELK). - Trotz Union und zeitweise starkem Einfluß liberaler Theologie behielt Waldeck-Pyrmont weiterhin seine lutherische Prägung. Die Synodalordnung von 1873 versuchte, den Bekenntnisstand klarer zu bestimmen.

Erst 1887 wurde in Arolsen ein Diakonissenhaus, das Waldeckische Diakonissenhaus „Helenenheim", gegründet. Pastor Friedrich von Bodelschwingh (Bethel / Sarepta) leistete dabei tatkräftige Starthilfe bis hin zur Gestellung der ersten Diakonisse und der ersten Oberin. Von Anfang an wurde das „Sophienheim" mißtrauisch beobachtet. Pfarrer und Gemeinden witterten in ihm eine Keimzelle der verpönten Erweckungsbewegung. Obwohl Fürstenhaus und Konsistorium diese Einrichtung stark förderten, dauerte es lange bis zur öffentlichen Anerkennung. Auch das 1912 in Helsen eingerichtete „Bathildisheim", ein „Krüppel- und Schwachsinnigenheim", protegierte Fürstin Bathildis nachhaltig.- Angesichts der weiterhin desolaten Staatsfinanzen entschloß sich 1867 Fürst Georg Friedrich (1831-1891) zu einem einzigartigen Vertrag (Akzessionsvertrag) mit dem Königreich Preußen. 1887 auf unbestimmte Zeit verlängert, bestand dieser bis zum Ende des Freistaates Waldeck 1929. Preußen übernahm die gesamte innere Verwaltung des Fürstentums. Es bezog alle Landeseinnahmen und bestritt dafür alle Landesausgaben. Den Fehlbetrag - er stieg im Laufe der Jahre auf 300.000 Mark jährlich - deckte es aus Eigenmitteln. An der Spitze des Landes stand ein vom König ernannter Landesdirektor. Der Fürst behielt nicht nur alle Ehrenrechte eines Regenten, sondern er blieb auch der Summepiscopus der Landeskirche. Im Bundesrat verfügte das Fürstentum über einen Sitz, den Preußen wahrnahm. Im deutschen Reichstag vertrat der Pfarrer und Liberale Dr. Friedrich Naumann ab 19.6.1913 Waldeck-Pyrmont.

Im 20. Jahrhundert

Die Landeskirche verfügte 1910 über 93 Kirchen, zehn Kapellen und Bethäuser sowie weitere zwölf kirchliche Räume. Ab 1900 waren jeweils etwa 43 Pfarrer in 52 Pfarrstellen mit 121 Gemeinden tätig. 1913 betrug das jährliche Anfangsgehalt eines Pfarrers 2.400 Mk, das bis 5.000,- Mk nach 25 Dienstjahren ansteigen konnte. Obwohl sie keine hohen Gehälter zahlen konnte, verfügte die Landeskirche noch in der Zeit der Weimarer Republik über das dichteste Pfarrstellennetz Deutschlands. Mit dem Sturz der Monarchie 1918 endete auch das Summepiskopat des Fürsten. Nunmehr übernahm auf Grund der neuen Verfassung von 1921 ein aus einem Juristen und zwei Theologen bestehender Landeskirchenrat seine Aufgaben. In der Änderung der Verfassung von 1924 wurde ausdrücklich die Augsburger Konfession als lutherische Bekenntnisgrundlage der Landeskirche festgeschrieben. Am 1.4.1929 erfolgte der Anschluß des Freistaates Waldeck an den Freistaat Preußen. In den 1926 begonnenen Verhandlungen zur Vereinigung mit den vier hessischen Landeskirchen Hessen (-Darmstadt), Hessen-Kassel, Nassau und Frankfurt a. M. erwies sich Waldeck-Pyrmont als sehr kontraproduktiv. Es stellte seinen Willen nach dem Fortbestand bisheriger Selbständigkeit und seiner Aufgabe als Bewahrerin der Identität Waldecks derart in den Vordergrund, daß die Verhandlungen letztlich daran scheiterten. Als die Kirchenleitung sich endlich 1933 zum Anschluß an die Kirchenprovinz Westfalen entschloß, war es dafür zu spät. Die politischen und kirchenpolitischen Entwicklungen der Jahre 1933/34 überrollten die kleine Landeskirche. Die Kirchenwahlen vom 23.7.1933 erbrachten auch im Arolser Landeskirchentag eine 60prozentige Mehrheit von Deutschen Christen. Unter massivem Druck auch der Waldecker Deutschen Christen und der Reichskirchenleitung (Berlin) beschloß der Landeskirchentag in Kassel am 12.6.1934 den Anschluß der Landeskirche Waldeck-Pyrmont. (Der Name der neuen Landeskirche wurde in Übereinstimmung mit der gleichlautenden Bezeichnung des Parteigaues gewählt). Das Kirchengesetz über die Vereinigung der Evangelischen Landeskirche von Waldeck und Pyrmont mit der Evangelischen Landeskirche in Hessen-Kassel vom 13.7.1934 legte in § 11 fest: „Die bisherigen Kirchenkreise der Twiste, des Eisenbergs und der Eder bleiben bestehen... Sollten in der neuen Landeskirche Propsteien eingerichtet werden, so wird nach Möglichkeit in Rücksicht auf die bisherige Selbständigkeit der Landeskirche von Waldeck und Pyrmont eine Propstei errichtet werden". Der Zusammenschluß mit Hessen - Kassel wurde nach 1945 beibehalten. Der Kirchenkreis Pyrmont ging am 24.7.1934 an die Provinzialkirche Hannover.

Schritte zur Gemeinsamkeit

Am 1.2.1942 wurden die drei Landkreise zum Landkreis Waldeck mit Sitz in Korbach vereinigt. Die Erweiterung zum Landkreis „Waldeck-Frankenberg" unter Beibehaltung der Kreisstadt erfolgte am 1.1.1974. - Im neuen Leitungsgesetz der Landeskirche Kurhessen-Waldeck vom 28.9.1945 wurde das Gebiet in fünf, dann in sechs Sprengel aufgeteilt. An der Spitze steht jeweils ein Propst. Der Sprengel Waldeck umfaßte den Bereich der früheren Landeskirche. 1974 legte die Kirchenleitung Pläne vor, nach denen die Zahl der Spengel auf vier reduziert und Waldeck - unter Weglassung seines Namens - mit dem Marburger Sprengel vereint werden sollte. Dieses Vorhaben löste in der Landessynode (1.-4.12.1974) heftige Debatten aus. Man einigte sich in der 2. Lesung des Gesetzes auf die Kompromißformel: „Sprengel Waldeck und Marburg". Ferner wurde im Protokoll die Absichtserklärung festgehalten: „Die besondere kirchengeschichtliche Eigenart des Gebietsteils Waldeck, der durch den Vertrag vom 12.6.1934 mit Hessen-Kassel zur Evangelischen Kirche von Kurhessen-Waldeck vereinigt wurde, ist auch künftig zu wahren". Damit war der über 400jährige Weg der selbständigen Landeskirche endgültig abgeschritten. Von Anfang an hatte sie - auch gegenüber Hessen - ihre eigene Entwicklung genommen. So klein sie räumlich und auch bedeutungsmäßig blieb, stets war sie einbezogen in die großen politischen, wirtschaftlichen und religiösen Entwicklungen ihrer Zeit. Sie konnte ihre Waldecker Identität wahren, um dann ihren Beitrag in die neue, gemeinsame Landeskirche einzubringen.

Dieter Waßmann

Evangelische Kirche Rothenditmold (1896)

Evang. Marienkirche Bettenhausen (1793)

Evangelische Kirche Waldau (14. Jh / 1740)

Friedenskirche: Lesungen - „Heilige Worte“

Klosterkirche Nordshausen: Taufe

Erlöserkirche Harleshausen: Eiserne Hochzeit

Titelbild: Die Kasseler City mit der Martinskirche

Kirche in der Stadt

Kassel, die documenta-Stadt an der Fulda, rundum eingebettet von landschaftlich reizvollen Höhenzügen, präsentiert sich bei einer Einwohnerzahl von knapp 200.000 mit vielfältigen kulturellen Angeboten, einer Gesamthochschule, aber auch vielen sozialen Brennpunkten. Das Stadtbild der nordhessischen Metropole ist geprägt durch den Wiederaufbau, nachdem Kassels Innenstadt während des II. Weltkrieges fast völlig zerstört wurde. Viele der Kirchen, die den Bomben zum Opfer fielen, wurden entsprechend den Möglichkeiten der Nachkriegszeit wiederaufgebaut, neue moderne Sakralbauten kamen hinzu.
Die Martinskirche am Martinsplatz, 1958 wiedereingeweiht, begeht alljährlich im Oktober einen Gottesdienst zum Gedenken an die Bombennacht vom 22. Oktober 1943, die die Kasseler Altstadt in Schutt und Asche legte. Die dreischiffige gotische Hallenkirche von 1367 hat viele Baustile durchlebt. Heute ist sie die zentrale Citykirche Kassels, die Gemeindeleben und übergemeindliche Veranstaltungen unter einem Dach vereinigt. St. Martin ist eine offene einladende Kirche mit einem lebendigen Gottesdienstraum, der auch als Konzert- und Ausstellungsort genutzt wird.

Eine der herausragenden Besonderheiten ist das weit über die Grenzen der Stadt hinaus beachtete Engagement für zeitgenössische Kirchenmusik mit der alle zwei Jahre stattfindenden Reihe „neue musik in der kirche“, interdisziplinäre Tage für Neue Musik und Theologie.

Benachbarte evangelische Gotteshäuser wie die Karlskirche und die Lutherkirche stellen sich ebenfalls den speziellen Herausforderungen der Kirche in der Stadt. Die Karlskirche als alte Hugenottenkirche, die im 18. Jh. der französisch-reformierten Gemeinde diente und 1957 wiedereingeweiht wurde, erfreut die Passanten nicht nur mit ihrem einmaligen Glockenspiel.

Sie lädt regelmäßig zu Vorträgen, Konzerten und ökumenischen Feiern – häufig auch mit orthodoxen Christen – ein. Bekannt ist sie auch für ihre traditionelle ökumenische Krippenausstellung und das alle zwei Jahre stattfindende Glockenspielfestival.

Lutherkirche am Lutherplatz

Die Lutherkirche, umgeben von dem grünen Lutherplatz, ist nicht so eingezwängt in die innerstädtische Bebauung wie die Karlskirche. Der alte stehengebliebene Lutherkirchturm ist eingerahmt vom ehemaligen Altstädter Friedhof und der neuen Betonkirche – typisch für eine Bauweise zu Beginn der 70er Jahre. Turm und Gemeindezentrum am Lutherplatz sind zugleich Wahrzeichen und Veranstaltungsort für das Evangelische Forum Kassel. Einmal mehr zeigt hier die Citykirche ihr besonderes Format und die Kennzeichen eines urbanen Christentums, das Wahrnehmungsfähigkeit, Offenheit zum Dialog, profilierte Identität und Bereitschaft zur Toleranz bedeutet.* Das Evangelische Forum hat sich als Ort städtischer Kommunikationskultur etabliert und bringt die ureigensten Themen und Traditionen christlichen Glaubens in der Diskussion mit gesellschaftlichen Gruppen und öffentlichen Einrichtungen zeitgemäß ins Spiel. In der Vielfältigkeit der Veranstaltungsformen wie Podiumsdiskussionen, Vortragsreihen, Seminaren, Studientagen, Lesungen, Theaterforen, Ausstellungsbegleitprogrammen und Studienreisen liegt der Erfolg dieses kirchlichen Angebots begründet.

An der Fuldabrücke neben dem Regierungspräsidium trifft man auf einen weiteren imposanten historischen Kirchenbau der Innenstadt - die Alte Brüderkirche, Kassels ältestes erhaltenes gebliebenes Baudenkmal, die dank der Einrichtung einer Stiftung nicht dem Verfall preisgegeben ist. Als kulturelles Erbe der Stadt ist sie zu einer beliebten Ausstellungskirche avanciert. Von hier gelangt man schnell in die Karlsaue, das grüne Juwel der City, an deren Eingängen sich das Staatstheater, die documenta-Halle und die Orangerie befinden. Die Stadtkirche ist hier ebenfalls präsent, denn den ganzen Sommer über lädt die angrenzende Südstadtgemeinde zu sonntäglichen Aueparkgottesdiensten ein.

Auch der Vordere Westen als ein Zentrum städtischer Wohnkultur wird geprägt von seinen kirchlichen Baudenkmälern und Einrichtungen. Neben der in ihrem Inneren farblich neu gestalteten Friedenskirche sind es die Advents- und die Kreuzkirche, die als kulturelle und ökumenische Begegnungsstätten dieses Stadtteils fungieren. Ebenfalls hier angesiedelt sind das Evangelische Stadtjugendpfarramt und die Evangelische Familienbildungsstätte.

Diese beiden Einrichtungen stehen mit dem Evangelischen Forum für effiziente übergemeindliche Angebote, die in einer pluralistischen und an Sofortservice orientierten Gesellschaft nicht mehr wegzudenken sind. Während sich in der Evangelischen Familienbildungsstätte die Generationen unter einem Dach treffen und entsprechend ihrer jeweiligen Lebenssituation Rat und praktische Hilfen in Kursen, Seminaren und Gesprächskreisen finden, ist das Stadtjugendpfarramt eine zentrale Anlaufstelle und Veranstaltungsträger für die Evangelische Jugend in Kassel.

Der Kurbezirk Bad Wilhelmshöhe mit dem ICE-Bahnhof gilt als drittes Zentrum Kassels. Der noble Stadtteil mit seinem Bergpark, dem Spielcasino und der Kurhessen-Therme beherbergt zugleich das „Haus der Kirche", Sitz der Evangelischen Kirche von Kurhessen-Waldeck, und in direkter Nachbarschaft die Christuskirche (1903) der Wilhelmshöher Gemeinde mit ihrer Kaiserloge in einer der Emporen.

Während in der Innenstadt die Gemeindegliederzahlen sinken, finden sich am Stadtrand im Westen die gemeindegliederstarken Kirchengemeinden. Hier gibt es idyllische Ortsansichten ehemaliger Dörfer und deren Kirchen, die im Laufe des 20. Jahrhunderts eingemeindet wurden. Dazu zählen Orte wie Nordshausen mit seiner 700 Jahre alten Klosterkirche, bekannt auch durch die Konzerte mittelalterlicher Musik, oder Niederzwehren mit der Matthäuskirche mit massivem Wehrturm (15. Jahrh.), umgeben von für den Ortsteil typischen Fachwerkhäusern. Die Kirchditmolder Kirche (1792) stellt eine der wichtigsten Bauwerke des Kasseler Klassizismus dar, das alte Pfarrhaus von 1666 ist erhalten geblieben. Im Fuldatal fällt der Blick auf die alte Johannis Kirche von Wolfsanger (18. Jahrh.), die analog zur Gemeindeerweiterung ein zweites Gemeindezentrum auf der Hasenhecke erhielt.

Vor allem in den 60er Jahren brauchten die aufstrebenden Randgemeinden Kassels neue Kirchen und so entstanden eine Reihe von modernen Kirchenbauten wie die Paul-Gerhardt-Kirche in Kirchditmold/Harleshausen mit ihrer hohen Holzdecke und einem runden Altar, die Immanuelkirche im Erlenfeld mit ihrem auffälligen spitzen Kirchturm und die Dreifaltigkeitskirche in Süsterfeld/Helleböhn mit ihrem grün gewordenen Kupferdach und dem ebenfalls getrennt stehenden Turm. Alle drei Bauwerke sind Beispiele moderner Kirchenarchitektur, deren Innenräume in unterschiedlicher Weise die Form eines Zeltes annehmen.

Dreifaltigkeitskirche Süsterfeld/Helleböhn

In Stadtteilen mit sozialen Brennpunkten werden die Gemeinden vor besondere Herausforderungen gestellt. Hier prägen unter anderem die Begegnungen diverser Religionen und Kulturen, Arbeitslosigkeit und Diskriminierung das tägliche Leben im Bezirk. Fünf Gemeinden im Kasseler Osten halten deshalb - zum Teil in Zusammenarbeit mit dem Stadtjugendpfarramt - besondere Freizeitangebote (wie Inliner-Projekte, offene Treffs) für Jugendliche bereit. Neben der Jugendarbeit bilden vielfältige Angebote für Kinder und ältere Menschen die Mittelpunkte des Gemeindelebens. 21 Evangelische Kindertagesstätten, im Stadtgebiet verteilt, und die Seniorenkreise in allen 31 Kirchengemeinden belegen dies vorbildlich. Die diakonischen Aufgaben der Evangelischen Kirche in der Stadt richten sich nach den spezifischen Bedürfnissen ihrer Bewohner/innen. Das Diakonische Werk Kassel-Stadt, -Land und Kaufungen bietet engagierte, gezielte und fachliche Hilfe in schwierigen Lebenslagen. Mit

Plakat der Kinderkampagne

seinem zentralen Sitz in der Hermannstraße und seinen im ganzen Stadtgebiet verteilten Außenstellen - vielfach in Zusammenarbeit mit Kirchengemeinden – erfüllen seine sozialen Projekte wie der Mittagstisch „Gesegnete Mahlzeit" und die Kleiderläden für sozial Schwache unbestritten eine wichtige Funktion für das soziale Gewissen der Stadt und des Landkreises. Das Arbeitsprojekt Sprungbrett hält Stellen für Langzeitarbeitslose bereit, Wohnungslose werden mit Hilfe des „Betreuten Wohnens" wieder zu einem selbständigen Leben angeleitet, in der Tageswohnung Karla 3 finden wohnungslose Frauen praktische Hilfen. Einrichtungen wie Sozialpädagogische Familienberatung und Familienhilfe sind vorrangig präventiv tätig. Weitere soziale Dienstleistungen wie die Bahnhofsmission, die Flüchtlingsberatung, die ambulante Alten- und Krankenpflege der Diakoniestationen, die Hospizarbeit und die Telefonseelsorge runden das diakonische Angebot in Kassel ab. Zeitgemäßes verantwortungsvolles kirchliches Engagement zeigt sich auch in den Partnerschaften der Gemeinden zum Beispiel nach Osteuropa oder nach Südafrika.

Kassels Kirchen sind weit mehr als Zeitzeugen und Kulturerbe einer über tausendjährigen Stadt, sie bieten Glaubens- und Lebenshilfe vor Ort und bereichern mit ihrem Freizeit- und Kulturangebot die Lebensqualität des städtischen Raumes. Allein das kirchenmusikalische Angebot der Kantoreien ist weit gespannt: vom Jazz, Rock, Pop in der Kirche unter Leitung des Kantors für Popularmusik (einmalig in der Landeskirche), über Aufführungen großer Oratorien bis hin zu den Kinderchören, den klassischen Orgelwerken, der Kammermusik und der experimentellen neuen Musik. Kirche verschafft besondere Klangerlebnisse und Kunstgenuß in außergewöhnlichen Räumen. Vor allem aber stehen ihre Gottesdienste von unterschiedlichster Ausgestaltung und Prägung im Zentrum ihres Wirkens und gewähren den Besuchern eine Vielfalt spirituellen Erlebens.

Die Evangelische Kirche in Kassel teilt sich gegenwärtig auf in die drei Kirchenkreise Kassel-Mitte, Kassel-Ost und Kassel-West, die in 31 Kirchengemeinden untergliedert sind. Seit 1921 haben sich die Gemeinden in einer Solidargemeinschaft organisiert: Der Gesamtverband der Evangelischen Kirchengemeinden faßt die Finanzen der Gemeinden und Kirchenkreise zusammen und trägt die vielfältigen kirchlichen Einrichtungen der Stadt. Sitz der Verwaltung ist am Lutherplatz.

Gesamtverband Kassel am Lutherplatz

Das einschneidende kirchengeschichtliche Ereignis in Kassel liegt viel weiter zurück: Die Einführung der Reformation 1526 durch Landgraf Philipp den Großmütigen (1504-1567), der unter dem Einfluß von Philipp Melanchthon und Martin Luther das landesherrliche Kirchenregiment einführte. Der Landgraf als Oberhaupt der evangelischen Kirche richtete zur Durchführung seiner geistlichen Aufsicht eine Behörde in Kassel ein: damals Konsistorium, jetzt Landeskirchenamt genannt.

Im „Haus der Kirche" in der Wilhelmshöher Allee ist heute neben dem Landeskirchenamt auch das Amt für kirchliche Dienste mit seinen Arbeitsbereichen Kirche und Arbeitswelt, Erwachsenenbildung, Männer-, Frauen-, Kinder- und Jugendarbeit, Gemeindeentwicklung, Mission und Ökumene untergebracht.

Haus der Kirche in Wilhelmshöhe

Im benachbarten Martin-Bucer-Haus befindet sich das Medienzentrum der Landeskirche, das neben der Evangelischen Medienzentrale unter anderem den epd-Kurhessen-Waldeck, den Verlag Evangelischer Medienverband Kassel, den Landesverband Evangelischer Büchereien, medio - die Medienagentur für Radio, Fernsehen, Internet und das Pädagogisch-Theologische Institut beherbergt.

Neben den Einrichtungen der Stadtkirchengemeinden sind in Kassel eine Vielzahl von landeskirchlichen Diensten zum Teil in eigener Rechtsform vertreten. Die Evangelischen Krankenhäuser in Kassel - das Kurhessische Diakonissenhaus mit seiner Krankenpflegeschule, die Burgfeldklinik und das Kinderkrankenhaus Park Schönfeld - symbolisieren die Weiterführung des diakonischen Auftrags der allgemeinen Krankenpflege hin zur medizinisch fundierten Krankenversorgung.

Die Landesgeschäftsstelle des Diakonischen Werkes Kurhessen-Waldeck e.V. in der Kölnischen Straße ist ein weiteres wichtiges Indiz für evangelisches Wirken und Handeln weit über die Grenzen der Stadt hinaus. Unter ihrem Dach vereinigen sich unter anderem fünf große Sachgebiete sozialer Dienste. Dazu gehört auch das Evangelische Fröbelseminar, Fachschule für Sozialpädagogik, in Wilhelmshöhe, in dem Erzieher/innen in Anlehnung an das Evangelium und an die Lehren des Pädagogen Friedrich Fröbel ausgebildet werden.

Die Evangelische Kirche verfügt in Kassel über ein vielschichtiges, ausgeprägtes Profil und kann sich gemäß ihrem Auftrag den Herausforderungen der Zukunft stellen.

Gabriele Techen

* Dr. Martin Hein: Christentum und Stadt: Einblicke und Ausblicke, in: Grafitti-Themenheft „Stadt-Gesichter", AfkD, Kassel 1998

Kirche als Zeitzeuge und Kulturerbe

■ Verabschiedung von Bischof Christian Zippert und Einführung von Bischof Martin Hein am 31. August 2000 in der Martinskirche
■ Der neugotische Kirchturm (1867) der 1943 zerstörten Lutherkirche wurde als Mahnmal gegen den Krieg stehengelassen
■ Die Karlskirche wurde 1698 als Hugenottenkirche in der neugegründeten Oberneustadt gebaut. Nach der Zerstörung 1943 wurde der achteckige Zentralbau 1957 wieder eingeweiht. Im offenen Turm - das Glockenspiel

Die Alte Brüderkirche ist Kassels ältester erhaltener gotischer Kirchenbau (13. Jh.). Sie dient heute dem Ausstellungs- und Kulturbetrieb der Stadt

Eine Hochzeit in der Erlöserkirche Harleshausen, die 1908 im neugotischen Stil erbaut wurde

Die Immanuelkirche/Erlenfeld, 1963 erbaut von Olaf Andreas Gulbransson, ist ein Beispiel für die moderne Kirchenbau-Architektur der sechziger/siebziger Jahre

Der Innenraum der 1908 eingeweihten Friedenskirche wurde von Rolf-Gerhard Ernst und dem Maler Dietrich Stalmann 1998 neu gestaltet

Klang und Raum erleben

■ Die Kirchditmolder Orgel des Hoforgelbauers Georg Peter Wilhelm von 1792 wurde mehrfach umgebaut, zuletzt 1963
■ Das von Simon Louis du Ry 1769 - 1779 erbaute Fridericianum auf dem Friedrichsplatz wurde das erste Museum des europäischen Kontinents
■ Eine Aufführung des Singspiels „Nikolaus von Myra" mit dem Kinderchor des Kirchenkreises Kassel-West in der Christuskirche Wilhelmshöhe
■ „Himmlischer Christus", 1998, von Dietrich Stalmann in der Friedenskirche
■ Gospelfestival in der Paul-Gerhardt-Kirche

■ Musikalische Veranstaltung des Evang. Forums in der Lutherkirche
■ Die „Nacht der Chöre" in St. Martin. Gut zu sehen ist die große Glaswand hinter dem Altar, die die Hallenkirche nach dem Wiederaufbau 1958 von der kleinen Chorkirche trennt
■ Altar, Taufbecken, Pult und Stelen in der Kapelle Hasenhecke der Kirchengemeinde Wolfsanger hat der Holzbildhauer Siegfried Gerstgrasser in leuchtenden liturgischen Farben gestaltet
■ Eines der Kunstobjekte der documenta X Begleitausstellung ist der Martinskirche erhalten geblieben: Vierzehn Plexiglastafeln „Über die Stille" (1997) von Christina Kubisch

Idylle am Stadtrand

■ Der Herkules und das Schloss Wilhelmshöhe mit seiner berühmten Gemäldesammlung sind die bekanntesten Wahrzeichen von Kassel. Die riesige Statue des Herkules krönt seit 1717 die Pyramide der Kaskadenanlage von Paul du Ry, Baumeister unter Landgraf Karl (1654 - 1730) ■ Die Christuskirche (1903 eingeweiht) ist nicht nur Gemeindekirche, sondern eine der kulturellen Begegnungsstätten des Stadtteils Bad Wilhelmshöhe ■ Die Orangerie schmückt seit 1711 die Karlsaue. In ihr befindet sich u.a. das Museum für Astronomie und Technikgeschichte mit Planetarium ■ Die Kirchengemeinde Wilhelmshöhe lädt von Himmelfahrt bis Ende August jeden Sonntagmorgen in den Bergpark Wilhelmshöhe zu einem Gottesdienst unter freiem Himmel ein. Er findet am Musikpavillon, nahe des Schlosses, statt ■ Die Evangelische Jugend von Kassel feierte ihr Stadtjugendfest auch schon einmal in der Löwenburg, die (1793-1801 erbaut) die Begräbnisstätte des Kurfürsten Wilhelm wurde. Die Anlage ist der romantische Nachbau einer Ritterburg als Ruine

■ Die Johannis Kirche Wolfsanger (1725) steht auf dem Opferberg oberhalb des Fuldatales ■ Die Kirchditmolder Kirche (1792) gehört zu den wichtigsten Gebäuden des Kasseler Klassizismus. Hier wird vor allem auch die Kirchenmusik gepflegt ■ Kirchenfenster in der Lukaskirche (1952) in Niederzwehren. Kirchenfenster in der Emmauskirche am Brasselsberg (1952) ■ Der Ursprungsbau der romanischen Klosterkirche Nordshausen stammt aus dem 13. Jh. Von der ehemaligen Anlage des Zisterzienserinnenklosters sind nur die Kirche und wenige Reste der übrigen Gebäude erhalten geblieben ■ Die Zionskirche vom Philippinenhof. Sie wurde 1949 als erste sog. Notkirche errichtet ■ Der älteste Teil der Matthäuskirche Niederzwehren ist der Wehrtum von 1472. Die Kirche selbst wurde gegen Ende des 18. Jh. errichtet

■ Der St. Martin von Hans Gottfried von Stockhausen ziert eines der Chorfenster der Martinskirche ■ Der Mittagstisch „Gesegnete Mahlzeit" - wie hier in der Auferstehungskirche - wird in vier kirchlichen Räumen in der Stadt angeboten ■ Der Friedhofsverwaltung Kassel unter evangelischer Trägerschaft unterstehen 15 Stadtteilfriedhöfe. Der größte ist der Hauptfriedhof mit einer Fläche von 40 ha., der der Nordstadt zugleich als Park dient ■ Singender Delegationsbesuch in der Jakobuskirche im Eichwald: Viele Kirchengemeinden der Stadt pflegen Partnerschaften nach Südafrika oder Osteuropa ■ Im „Hospiz Kassel" - im ehemaligen evangelischen Gemeindezentrum Wilhelmshöhe - werden schwerstkranke und sterbende Gäste palliativ (lindernd)-medizinisch und -pflegerisch versorgt und sozial, geistig-seelisch betreut. Zur umfassenden Hospizarbeit gehören auch Sterbe- und Trauerbegleitung

Soziales Herz für die Stadt

■ Die Statue „Einladender Christus" von B. Thorwaldsen (1770 - 1844) in der Christuskirche Kassel Wilhelmshöhe erinnert an das Wort Jesu: „Kommet her zu mir alle, die ihr mühselig und beladen seid, ich will euch erquicken." Diakonie will diese Zusage konkret erfahrbar machen ■ Kleiderläden für Menschen mit geringem Einkommen gehören u.a. zum Arbeitsprojekt „Sprungbrett" des Diakonischen Werkes Kassel-Stadt, -Land und Kaufungen ■ Der einst gotische Kirchenbau der Martinskirche wurde 1367 dem Heiligen Martin geweiht und in den fünfziger Jahren wieder aufgebaut ■ Das Kasseler Rathaus, ein monumentaler neubarocker Bau mit einer breiten Freitreppe, wurde 1909 eingeweiht ■ Die Diakoniestationen der Evangelischen Kirche in Kassel gGmbH gehören zu den größten Anbietern häuslicher Alten-, Kranken-, Kinderkranken- und Familienpflege in Kassel ■ Altarraum der evangelischen Seelsorge in der Justizvollzugsanstalt Kassel II. Entwurf und Realisation des Wandbildes: Liane-Heide Niederhoff (zusammen mit einer Projektgruppe von Strafgefangenen)

Zwischen Mission und Reformation

Wehrkirche Kleinenglis

Mutterkirche der Region: St. Brigida auf dem Büraberg

Titelbild: Blick auf Homberg an der Efze und die Waberner Ebene

„Lobwürdig ist das Land der Hessen ...“ heißt es schon in einer Handschrift von 1450 aus dem Kloster Spieskappel. Ja, die Gegend ist schön. Von den waldbedeckten Hängen des Knüll und des Kellerwaldes bis zu den blauen Höhenzügen am Rande der Fritzlar-Waberner Ebene: die Landschaft im Wechselspiel der Farben von Äckern, Wiesen und Wäldern tut dem Auge wohl. Doch ist die weitgehend intakte Umwelt erst in unserer Zeit zum Pluspunkt geworden, mit dem die Region um naturentwöhnte Touristen wirbt. Bis in die jüngste Zeit bemaßen die hier Lebenden den Wert des Landes nach der Bodenqualität, denn fruchtbar sind vor allem die früh besiedelte Schwalmebene und das Fritzlar-Waberner Becken, während die steinigen Äcker der Mittelgebirge nur einen harten Broterwerb zuließen.

Ob Bonifatius an Althessen gedacht hat, als er in seinen Briefen von den „finsteren Wäldern Germaniens“ sprach? Als der angelsächsische Mönch und Missionar 722 mit seinen Helfern auf die fränkische Festung Büraburg kam, war das Land der Chatten missionarisches Entwicklungsgebiet. Die Chatten nahmen als einer der letzten heidnischen Stämme das Christentum an. Ein heiliger Baum, die Donareiche, wurde zum Symbol des gewaltsam gefällten Heidentums; wo sich der Fritzlarer Dom mit seinen schlanken Türmen erhebt, hat sie wahrscheinlich gestanden. Aus der Kapelle, die Bonifatius aus dem Holz der Eiche bauen ließ, wurde bald eine Abtei, um die sich Fritzlar als bedeutendes kirchliches und politisches Zentrum entwickelte; es löste den in der Bonifatiusvita erwähnten Ort Geismar, die einzige bisher bekannte chattische Großsiedlung, an Bedeutung ab. Bis heute blieb Fritzlar katholisch; doch die Region ist seit der Reformation 1526 evangelisch geprägt.

Die Kirchenkreise Fritzlar, Homberg und Ziegenhain sind nahezu identisch mit den politischen Altkreisen, die 1974 zusammen mit dem Altkreis Melsungen durch die Gebiets- und Verwaltungsreform zum Schwalm-Eder-Kreis zusammengeschlossen wurden. Ein Kunstgebilde in einer Landschaft, die immer kleinräumig war. Nur langsam bildet sich ein gemeinsames Identitätsgefühl der Bewohner in der Region zwischen Schwalm, Eder und Fulda heraus.

Heiliger Berg des Schwalmtals: Schönberg

Wehrkirche Harle

Landschaft am Kellerwald

Alle großen Straßen, die Autobahnen A 7 und A 49 wie auch die Bundesstraßen, sind Nord-Südverbindungen. Eine Gegend, durch die man hindurchfährt oder entlang der Deutschen Märchenstraße das Märchenland der Brüder Grimm entdeckt. Auf denselben Straßen verlassen auch viele Einheimische die Region, weil sie als Pendler in den Ballungsräumen Kassel und Frankfurt arbeiten oder einkaufen. Die Menschen hier sind heimatverbunden - aber die Notwendigkeit, einen Arbeits- oder Ausbildungsplatz zu finden, zwingt vor allem viele Jüngere, außerhalb der Region zu leben oder zu arbeiten.

Noch immer sehen die Dörfer reizvoll und malerisch aus mit den roten Ziegeldächern der Höfe, die sich um eine behäbige Kirche scharen. Noch immer pflegen und erhalten Landwirte die abwechslungsreiche Kulturlandschaft. Doch immer mehr Höfe werden aufgegeben, Wirtschaftsgebäude stehen leer. Programme der Dorferneuerung sollen neues Leben bringen - eines von vielen Indizien für den tiefgreifenden Wandel der ländlichen Welt.

Treppe eines verlassenen Bauernhauses

Carl Bantzer, Abendmahl in einer hessischen Dorfkirche. 1892

Zum Symbol von Kirchentreue und Frömmigkeit der Menschen in Nordhessen wurde ein Kunstwerk, das die Schwalm weit über die Grenzen Deutschlands hinaus bekannt machte: das Gemälde „Abendmahl in einer hessischen Dorfkirche" von Carl Bantzer. Der in Ziegenhain geborene Künstler der Willingshäuser Malerkolonie hat eine Abendmahlsfeier der älteren Leute so beschrieben: „Dabei machte mir diese Feier selbst mit dem langen Zug ernster Männer im Abendmahlsrock und den schwarz gekleideten Frauen in den blauen Ziehhauben einen so überwältigend starken Eindruck, daß es sogleich bei mir feststand, ich müsse diese Feier malen."

Auf uns mag die Stimmung dieses Gottesdienstes bedrückend wirken; dennoch spüren wir, wie sich die Männer und Frauen in das Leben und Leiden Jesu versenkten. Zudem lebten sie in einer Zeit, in der der Glaube Ausdruck der ganzen Gemeinschaft war und selbstverständlich zum Arbeiten und Feiern dazugehörte. Heute fallen Leben und Glauben für viele Menschen sehr auseinander. Der Glaube ist dem Individuum überlassen. Gerade deshalb suchen viele nach einer neuen überzeugenden Einheit.

Um den Menschen eine religiöse Heimat auch im Kirchengebäude zu geben, wurden viele Kirchen restauriert oder mit neuen Glasfenstern, Malereien und Skulpturen ausgestattet. So manche alte Malerei kam unter weißem Putz hervor und bildet nun einen Anknüpfungspunkt an christliche Symbolik und künstlerischen Ausdruck früherer Generationen. Einige Kirchen sind täglich offen. Besucher der Marienkirche in Homberg notierten dankbar ins Gästebuch: „Die Musik befreit uns von unseren schlechten Zeiten. Hier können wir klarer denken." Die Marienkirche gehört nicht nur zu den schönsten Denkmälern der Gotik in Nordhessen, sondern ist auch ein Symbol für die hessische Reformation. Die Homberger Synode von 1526 macht deutlich, daß erstmals in der Geschichte ein demokratisches Prinzip in der Kirche Eingang fand. Landgraf Philipp hatte Landstände und Geistliche zur Synode nach Homberg einberufen, damit sie die Neuordnung der Kirche in Hessen diskutieren und beschließen sollten.

Angesteckt von echt reformatorischem Geist, hatte der junge Fürst in der Bibel nach Antworten auf Fragen des christlichen Lebens gesucht und leidenschaftlich die reformatori-

Portal der Homberger Marienkirche

schen Schriften studiert. Auch eine Begegnung mit Philipp Melanchthon trug dazu bei, daß die Ideen der Reformatoren den Landgrafen überzeugten und er sich entschloß, das kirchliche Leben neu zu ordnen. Dabei waren die Inhalte genauso revolutionär wie das Verfahren: Gottesdienst in deutscher Sprache und Abendmahl in beiderlei Gestalt, Gemeindeversammlungen und -visitationen, Einrichtung von Schulen und Abschaffung der Klöster zugunsten der Armenpflege. Hofprediger Lambert von Avignon hatte die Einzelheiten in 158 Thesen formuliert, von denen die erste lautete: „Nur das ist richtig, was mit Gottes Wort übereinstimmt; nur es allein ist stets der sicherste Maßstab dafür, ob etwas recht ist."

Die Forderungen waren zu weitgehend, als daß sie als Ganzes hätten umgesetzt werden können. In der Praxis wurden dann durch Visitationen die Verhältnisse schrittweise verändert. Die Bedeutung der Homberger Synode liegt darin, daß sie den Gemeinden die Verantwortung für ihren Glauben zuwies und den reformatorischen Grundsatz vom Priestertum aller Gläubigen verwirklichte.

Aus dem Versuch, zu einer theologischen Einigung mit der Täuferbewegung zu finden, ging eine Einrichtung hervor, die sich von Hessen aus in alle evangelischen Kirchen ausbreitete: die Konfirmation. Der Straßburger Reformator Martin Bucer führte 1538 in Marburg Gespräche mit führenden Vertretern der „Wiedertäufer", denen die Reformation nicht weit genug ging; sie forderten die Heiligung aller Lebensbereiche. Daraufhin entwarf Martin Bucer die „Ordnung der christlichen Kirchenzucht", die 1539 in Ziegenhain veröffentlicht wurde. Die Konfirmation als Bestätigung der Taufe sollte das christliche Selbstverständnis des einzelnen stärken. Die erstmals eingesetzten Presbyter sollten die Gemeindeglieder zu einem christlichen Leben anhalten.

Daß aus dem christlichen Glauben immer wieder Taten der Liebe folgten, ist vor allem dem Pietismus und den Erweckungsbewegungen des 19. Jahrhunderts zu verdanken. Schon 1844 schuf Pfarrer Emil Rausch in Rengshausen (Knüllwald) ein Heim für obdachlose Jungen. Im heutigen Beiserhaus (Kirchenkreis Rotenburg) werden etwa 80 benachteiligte Jugendliche betreut und ausgebildet, weitere 120 Ausbildungsplätze in den Werkstätten stehen für die Region zur Verfügung. Das größte „diakonische Unternehmen" der

1864: Kurhessisches Diakonissenhaus Treysa

Landeskirche, das Hessische Diakoniezentrum Hephata in Schwalmstadt-Treysa, beging im Jahr 2001 sein hundertjähriges Bestehen. Entstanden ist es aus dem 1864 von dem Treysaer Pfarrer Franz von Roques gegründeten Kurhessischen Diakonissenhaus. Die Vision einer sterbenden Diakonisse, die 1876 Scharen von Kindern in lichterfüllten Hallen voraussah, trug dazu bei, daß die Einrichtung nicht verkauft wurde, als das Diakonissenhaus 1883 nach Kassel umzog. Es wurden geistig behinderte Kinder in den Häusern aufgenommen, zuerst

Kurdische Asylbewerberin im Diakonischen Werk Schwalm-Eder-Kreis

Mädchen, ab 1895 auch Jungen. Am 1. April 1901 ging Hephata in den Besitz der Hessischen Brüderanstalt über, die als Ausbildungsstätte für Diakone gegründet wurde. Das Motto des Jubiläums: „MitMenschen aktiv" deutet an, daß es damals und heute darum ging, Menschen in besonderen Lebenssituationen zu helfen. „Aber heute sehen wir weniger die Defizite eines Menschen als seine Fähigkeiten, die entwickelt werden können", sagt Direktorin Barbara Eschen. An Fachschulen werden junge Menschen in diakonischen Berufen und an der Hephata-Klinik für Neurologie und Psychiatrie als Krankenpfleger ausgebildet. Im Saal der Hephata-Kirche ist eine Dauerausstellung zur Gründung der EKD 1945 zu sehen, vor der Kirche erinnert eine Plastik an Bewohner Hephatas, die während des Dritten Reiches abtransportiert und umgebracht wurden.

Seit 1994 ist in Hephata auch die Landwirtschaftliche Familienberatung untergebracht, die Landwirten in wirtschaftlichen und familiären Krisen fachkundige Begleitung anbietet. Gesellschaftliche Veränderungen haben dazu geführt, daß heute auch auf dem Land Menschen in Situationen geraten können, in denen die Hilfen von Familie, Nachbarn und Freunden nicht mehr ausreichen. Aussiedler, Flüchtlinge und Asylsuchende haben eigene Schwierigkeiten und Lebensfragen. Um allen Ratsuchenden professionelle ambulante Hilfe anbieten zu können, haben sich die Kirchengemeinden 1992 zum Diakonischen Werk im Schwalm-Eder-Kreis zusammengeschlossen. So setzt sich bis heute eine Tradition fort, die mit Bonifatius begann: er predigte und taufte nicht nur, sondern teilte Not, Hunger und Gefahren mit den Menschen.

Erika Eckhardt

Wo Bonifatius predigte ...

■ Gudensberg trägt den Namen einer alten chattischen Kultstätte, des Wotansberges ■ Einer Mineralquelle und den Hardtwaldkliniken für Neurologie und Psychotherapie verdankt Bad Zwesten seine Entwicklung zum vielbesuchten Kurort ■ Geschichtliches Wahrzeichen: Fritzlar vom „Malerwinkel" aus gesehen ■ Basaltkuppenlandschaft: Maden am Naturdenkmal Maderstein wurde bereits 785 als Gerichtsstätte erwähnt ■ Sommerresidenz der Landgrafen: im Schloß Karlshof in Wabern werden heute benachteiligte junge Menschen gefördert ■ Zeugnis einer großen jüdischen Gemeinde: Die Synagoge in Gudensberg von 1843 wurde 1995 als Kulturhaus und Musikschule neu eingeweiht ■ Archäologisch erforscht: so könnten Häuser der chattischen Großsiedlung Geismar ausgesehen haben ■ Mit dem Fürstentum Waldeck kam die mauer- und turmbewehrte Stadt Züschen 1929 zu Hessen - hier die Brücke über die Elbe von 1747

■ Zartes Marienfresko: die ehemalige Klosterkirche der Franziskaner in Fritzlar ist seit 1817 evangelische Stadtpfarrkirche ■ Kleinod barocker Bauernmalerei: das Gleichnis vom Großen Schuldner als Deckengemälde in der Kirche von Gleichen ■ Der heilige Georg rettet eine Jungfrau vor dem Drachen: Sandsteinrelief über dem Südportal von St. Georg in Uttershausen ■ Der Erzengel Michael wiegt eine arme Seele und steht ihr gegen den Teufel bei: Spätgotische Fresken als „Bibel der Armen" in der Kleinengliser Michaelskirche

■ Christus als Weltenrichter: das älteste Gotteshaus Fritzlars, die evangelische Fraumünsterkirche, steht auf einer alten Gerichtsstätte ■ Frühester christlicher Fund: nicht nur kostbaren Schmuck, sondern auch eine kleine Kreuzfibel fand man in Gräbern vom Anfang des 8. Jh., die 1979 in der Kirchberger Kirche entdeckt wurden ■ Fall der Donareiche und Gründung der Kirche in Althessen: das Bonifatiusdenkmal vor dem Fritzlarer Dom

Was mit Gottes Wort übereinstimmt ...

Lichterfüllter Raum: St. Marien in Homberg ist die Reformationskirche Hessens

Festliche Formen: die 1723-36 erbaute Barockorgel in der Homberger Marienkirche hat zwei Manuale und 1653 Pfeifen

Neugestalteter Kirchenraum in Rhünda: den geschnitzten Altar und Szenen aus dem Leben Jesu an Empore und Kanzel schuf der Kasseler Künstler Hermann Pohl

Die Reformatoren Luther, Melanchthon, Zwingli und Calvin beim Abendmahl: ein Homberger Bürger stiftete 1893 das Reformationsfenster

Lamm Gottes mit Kelch und Siegesfahne auf einem Schlußstein in der Kirche zu Harle

▪ Tod im Bergwerk: in Borken-Stolzenbach erinnert eine Gedenkstätte an das Grubenunglück vom 1. Juni 1988, bei dem 51 Bergleute ums Leben kamen

▪ Ökumenischer Gottesdienst zum Altstadt- und Bergmannsfest, das alle zwei Jahre in Borken gefeiert wird

▪ Therapieeinrichtung Böddiger Berg: hier finden Jugendliche und junge Erwachsene Wege aus der Sucht

▪ Altar im Grünen: in Melgershausen wurde ein alter Feiertag wiederentdeckt: das Johannisfest am 24. Juni

▪ Kinderkirche im Gemeindehaus Homberg

▪ Zur Förderung eines Diakoniezentrums der ev.-luth. Kirche Lettlands in Riga gab der Kirchenkreis Homberg einen Kalender zum Kirchenjahr heraus. Eine der Abbildungen zeigt dieses Holzrelief am Lesepult der Friedenskirche in Böddiger

Schöpfen aus reichem Erbe

■ „So fest wie Ziegenhain“: Landgraf Philipp ließ ab 1537 Stadt und Schloß Ziegenhain zu einer Wasserfestung ausbauen, die den sprichwörtlichen Ruf hatte, uneinnehmbar zu sein. Aus der Luft erkennt man die Trapezform der Renaissancefestung. Das Landgrafenschloß dient seit 1842 als Gefängnis ■ Der schlichte Saalbau mit Dachreiter, gotischen Fenstern und Barockportal der ev. Pfarrkirche von Ziegenhain (1667) wurde von Landgraf Wilhelm VI. veranlaßt - anstelle der gotischen Hof- und Garnisonskirche. In unterirdischen Grüften um den Altar sind mehrere Festungskommandanten bestattet ■ Schutzmantelmadonna: auf einigen der schönen Schlußsteine der ev. Stadtkirche von Treysa sind noch immer Dominikanermönche präsent, eine Erinnerung an den Orden, der hier bis 1527 ein Kloster mit theologischer Schule unterhielt ■ Im Mittelalter Schauplatz von Reichsversammlungen, 1999 Veranstaltungsort des Kreiskirchentages: das ehemalige Prämonstratenserstift in Spieskappel ■ Die 1755 eingeweihte Hugenottenkirche in Frankenhain ist Ausdruck des calvinistischen Bekenntnisses französicher Glaubensflüchtlinge ■ Alter Brauch wiederbelebt: in Loshausen ziehen zu Pfingsten die Kinder des Kindergottesdienstes mit dem „Pfingstbügel“ durch das Dorf und bitten um Spenden

■ Spitzbogige Fenster ohne Glas und ein Schiff ohne Gewölbe: die Ruine der „Totenkirche" Treysa ist ein bedeutendes Denkmal des Übergangs von der Romanik zur Gotik
■ Ein historisches Dokument: zum Gottesdienst in Holzburg 1937 erschien die Gemeinde noch in Abendmahlstracht; heute ist die Schwälmer Tracht fast ausgestorben
■ Frühe Stützpunkte der Mission in der südlichen Schwalm waren Ottrau und Immichenhain, wo 1187 ein Augustinerchorfrauenstift gegründet wurde. Die frühere Klosterkirche ist heute evangelische Gemeindekirche
■ Farbenfrohe Malerei: an der Chorwand der Kirche von Neukirchen-Rückershausen spielt sich das Leben Jesu vor der Kulisse einer mittelalterlichen Stadt ab
■ Bei festlichen Anlässen wie hier in Niedergrenzebach verbinden sich traditionelle Treue zur Kirche und Liebe zur Schwälmer Tracht
■ Kostbare Schnitzarbeit: Schalldeckel der Kanzel in Itzenhain in Form einer Krone geschnitzt mit einem Pelikan als Symbol des Opfertodes Jesu

Stadt auf dem Berge
Schule im Tal

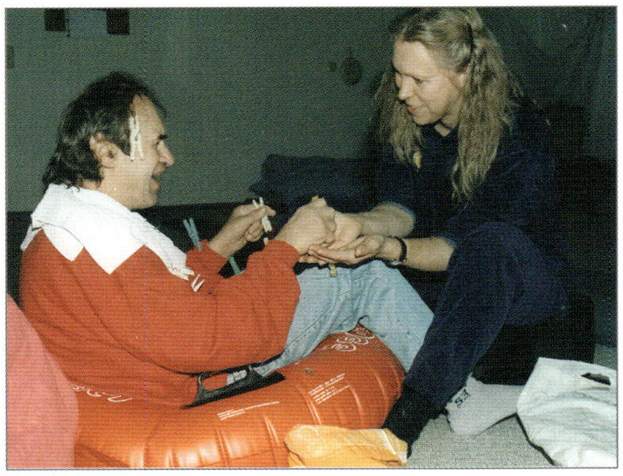

Die „Stadt auf dem Berge“: das Hessische Diakoniezentrum Hephata verfügt in Treysa über ein 32 Hektar großes Gelände mit fast 100 Gebäuden und 15 Straßen. Wohngruppen und Einrichtungen sind über Hessen, Bayern und Thüringen verteilt. Allein im Schwalm-Eder-Kreis gibt es in 38 Orten ambulante Behindertenhilfe und in 29 Orten sozialpädagogische Familienhilfen. Über 400 Behinderte arbeiten in den Hephata-Werkstätten. Insgesamt leben und arbeiten in der Einrichtung mehr als 2600 Menschen

Die einzige kirchliche Schule in Kurhessen-Waldeck ist die 1948 als Internat für heimatlose Schüler (Flüchtlinge, Evakuierte, Ausgebombte) eröffnete Melanchthonschule. Heute bietet das Gymnasium in Willingshausen-Steinatal, dessen Schülerheim 1986 geschlossen wurde, rund 600 Schülerinnen und Schülern aus der Umgebung eine breite Palette von Aktivitäten, auch außerhalb des Unterrichtes, an

Belebte Erinnerungen

Modernes Portal: die Kirchentür in Lischeid mit einer Szene aus der Auferstehungsgeschichte Jesu schuf der Künstler Erhard Jakobus Klonk ■ Renaissanceportal: Reichart Rinck, Ratgeber Landgraf Philipps, ließ sein Herrenhaus in Rommershausen von dem bekannten Bildhauer Philipp Soldan als repräsentatives „Bilderschloß" gestalten ■ Dem Erzengel Michael über dem Westportal der Klosterkirche Spieskappel wurde von Bilderstürmern des 17. Jh. der Kopf abgeschlagen ■ Trutzhain, heute ein Stadtteil von Schwalmstadt, entstand aus einem Kriegsgefangenenlager des 2. Weltkrieges. Aus dem Gefangenenfriedhof wurde 1992 die „Mahn- und Gedenkstätte Waldfriedhof" ■ Das Malerstübchen in Willingshausen birgt Erinnerungen an Künstler, die sich im 19 Jh. zum Malen in Willingshausen aufhielten. Junge Künstler, hier Michael Lampe, setzen heute als Stipendiaten die Willingshäuser Malertradition fort

Tradition mit Zukunft

Waldgottesdienst auf dem Christenberg

Marburger Blick

Titel bild: Das Kirchhainer Land mit Blick auf Amöneburg

Mittelalter und Moderne - Marburg und das Marburger Land

Eingebettet in die reizvolle Landschaft des Altlandkreises Marburg liegen die drei Kirchenkreise Marburg-Stadt, Marburg-Land und Kirchhain. Das obere Lahntal mit seinen Wiesen und Auen, der waldreiche Christenberg oder das Amöneburger Becken laden zum Wandern und Radfahren genauso ein wie zum Entspannen und Verweilen. Gegenwart und Vergangenheit, Tradition und Moderne bestehen im Marburger Land noch einträchtig nebeneinander: In den alten Gassen der Marburger Oberstadt wimmelt es von jungen Leuten, die aus der ganzen Republik zum Studium an die Lahn kommen. Beim Sonntagsspaziergang auf dem Land wird Kleidung nach der neuesten Mode genauso ausgeführt wie die jahrhundertealte "Evangelische" oder "Katholische" Tracht. Und wer die berühmte Elisabethkirche besuchen will, kann das ehrwürdige Gotteshaus eigenen Fußes durchschreiten oder per Mausklick im Internet einen virtuellen Spaziergang durch die früheste rein gotische Kirche Deutschlands unternehmen. Diese Region Kurhessen-Waldecks mit Marburg als ihrem Zentrum atmet Kirchengeschichte, vor allem die der Reformationszeit: Die von Landgraf Philipp 1527 ins Leben gerufene Universität ist heute die älteste protestantische Hochschule der Welt. Sie sollte die hessischen Gemeinden insbesondere mit gut ausgebildeten evangelischen Pfarrern und Lehrern versorgen. Mit der zwischen Landgrafenschloß und Markt gelegenen Lutherischen Pfarrkirche St. Marien steht in Marburg die Musterkirche für die in Hessen durchgeführte Reformation. Auf dem Schloß stritten Luther und Zwingli 1529 um das Verständnis des Abendmahls. Aber in Marburg wirkte Jahrhunderte zuvor auch die Heilige Elisabeth, deren weltzugewandte Christusnachfolge sich ausgesprochen oder unausgesprochen in aller diakonischen Arbeit der heutigen drei Kirchenkreise fortsetzt. Und hier stand mit den ersten "ökumenischen" Trauungen in den sechziger Jahren des vorigen Jahrhunderts auch eine Wiege der Ökumene in Kurhessen-Waldeck. Beständige Frömmigkeit und Weite des Denkens - in Oberhessen ist beides zu finden.

Hochzeit in der Kirche in Großseelheim

Marburger Tracht

Stadt der Elisabeth und der Ökumene

Hoch über der alten Universitätsstadt thront das Landgrafenschloß, von dem aus die Nachfahren der Heiligen Elisabeth zwischen 1247 und 1567 Hessen regierten. Der Blick fällt von hier auf schiefe Häuser, verwinkelte Gassen und auf die Kirchen, die zu Wahrzeichen Marburgs geworden sind: die Elisabethkirche und die Lutherische Pfarrkirche St. Marien. Bis zum Jahr 1946 waren diese Gotteshäuser die beiden Predigtstellen einer einzigen Gemeinde: der evangelisch-lutherischen Kirchengemeinde Marburg. Neben ihr bestand die evange-

Die Marburger Philipps-Universität

lisch-reformierte Kirchengemeinde, die ihre Gottesdienste in der Universitätskirche feierte. Als beide Gemeinden 1946 vereinigt wurden, war dieser Schritt innerprotestantischer Ökumene nicht unumstritten - heute spielen die damaligen Gegensätze keine Rolle mehr. Eine der „ersten Adressen" Marburgs ist die Elisabethkirche. Im Mittelalter als Grabstätte der Heiligen Elisabeth eine der bedeutendsten Wallfahrtsstätten des Abendlandes, zieht diese beeindruckende gotische Hallenkirche, die für die weitere Entwicklung der Gotik in Deutschland maßgeblich wurde, Jahr für Jahr viele zehntausend Besucher an. Besonders sehenswert ist der Elisabethchor, in dem sich das Grab Elisabeths mit dem kostbaren Mausoleum befindet, und der Elisabethaltar. Er zeigt unter anderem die Darstellung einer Legende, nach der die Fürstin einen Aussätzigen in ihrem Ehebett gepflegt hat, in dem der mißtrauisch gewordene Landgraf jedoch das Bild des Gekreuzigten vorfindet.

Der goldene Elisabeth-Schrein

Elisabeths Einsatz für Arme, Kranke und Sterbende wirkt in der vielfältigen diakonischen Arbeit im Kirchenkreis Marburg-Stadt bis heute fort. Nicht von ungefähr trägt das Hospiz, in dem Menschen behütet und in Würde die letzte Wegstrecke ihres irdischen Lebens zurücklegen können, den Namen der Heiligen. Elisabeth gilt als „ökumenische" Heilige. Und Ökumene wird in Marburg seit langem großgeschrieben. In der evangelischen Matthäuskirche des Stadtteils Ockershausen feiern Angehörige der katholischen Pfarrgemeinde St. Johannes seit 1963 regelmäßig Messen. Ökumenische Kreise und Veranstaltungen gehören zur Normalität in Ockershausen. Am Oberen Richtsberg wurde die Thomaskirche als „Ökumenisches Gemeindezentrum" gemeinsam mit der römisch-katholischen Gemeinde errichtet und dient beiden Konfessionen als Kapelle. Und ob evangelisch, katholisch, selbständig-lutherisch oder freikirchlich - alle empfinden sich als „Kirche in Marburg" und suchen unter diesem Namen einer gemeinsamen Monatszeitung den Kontakt zu den Menschen in ihrer Stadt.

Bodenständigkeit und Weitblick

Die Menschen im Umland der Universitätsstadt, dem „Marburger Land", sind bodenständig und traditionsbewußt. Das gilt auch für ihre Frömmigkeit - und dennoch geht ihr Blick über den eigenen Kirchturm hinaus. Der Kirchenkreis Marburg-Land ist der von der Anzahl der Gemeinden her größte Kirchenkreis der Landeskirche. Und schon der Blick auf die Gotteshäuser zeigt die Vielfalt des gemeindlichen Lebens: Da gibt es kleine Dorfkirchen wie die Michelbacher Martinskirche, die zu den ältesten Taufkirchen im Marburger Raum zählt, imposante gotische Hallenkirchen nach dem Vorbild der Marburger Elisabethkirche wie die Stiftskirche in Wetter oder moderne Gemeindezentren wie die Trinitatiskirche in Wehrda. Oberhessen hat sich zwar immer als lutherisch verstanden, die machtpolitischen Winkelzüge der Reformationszeit ließen aber auch reformierte Gemeinden entstehen, die sich mit dem Calvinismus angefreundet hatten. Im Kirchenkreis Marburg-Land gab es das längste Nebeneinander einer reformierten und einer lutherischen Kirchengemeinde: Erst 1963

Fachwerkkirche Mohnhausen

wurden die lutherische und die reformierte Kirchengemeinde Münchhausen am Fuße des Christenbergs vereinigt und seit 1975 von einem einzigen Pfarrer versorgt. Bis heute existiert allerdings mit Todenhausen eine rein reformierte Gemeinde im Kirchenkreis: 1960 wurden die lutherischen Christen in sie eingepfarrt, und man hält an reformierten Traditionen wie dem Essen von Brot statt Oblaten beim Abendmahl fest. Die Kirche der "Colonie Todenhausen" war 1755 von Hugenotten und Waldensern eingeweiht worden, die nach ihrer Flucht nach Hessen hier angesiedelt wurden.

Welchen Stellenwert Tradition auch in der Neuzeit für die Menschen im Marburger Land besitzt, zeigt das Projekt „Straßenkinder in Addis Abeba": Es gehört in den Rahmen einer

Straßenkinderprojekt in Addis Abeba

Partnerschaft mit der Evangelischen Mekane Yesus-Kirche in Äthiopien, und seit 1972 spenden die Gemeinden des Kirchenkreises sowie Einzelpersonen regelmäßig, damit diesen Ärmsten der Armen geholfen wird: Über tausend Straßenkinder in Zentral-Äthiopien erhalten so Nahrung, Kleidung und Gesundheitsvorsorge. Sie können zur Schule gehen und eine Ausbildung machen. Besonders dieses Projekt auf der Basis von persönlichen Kontakten und gegenseitigen Besuchen schärft den Blick der Evangelischen im Marburger Land für die weltweite Diakonie und Mission.

Kirche mit prägender Kraft

Sie prägt das Erscheinungsbild der Stadt an der Ohm und gab ihr einst sogar ihren Namen: die „Kirche im Hain", die sich mitten in Kirchhain auf einem kleinen Basalthügel erhebt.

Stadtkirche Kirchhain

Mit ihrem Bau als Hallenkirche wurde im 14. Jahrhundert begonnen, und nach zahlreichen Um- und Anbauten im Laufe der Jahrhunderte finden heute 600 Menschen in der evangelischen Stadtkirche St. Michael zu Kirchhain Platz.

Seit 1526 ist Kirchhain eine evangelische Stadt - sozusagen in Sichtweite der katholischen Amöneburg, auf der Bonifatius im Jahr 721 eine Kirche errichtet hat. 1605 erreichten die „Verbesserungspunkte" des calvinistisch gesinnten Landgrafen Moritz von Hessen-Kassel die Stadt Kirchhain. Ihnen fielen vor allem bildliche Darstellungen und schmückende Einrichtungen in der Stadtkirche zum Opfer. Bis 1905 bzw. 1910 ein römisch-katholisches Gotteshaus eingeweiht wurde, war Kirchhain weitgehend protestantisch. Die konfessionelle Homogenität im Kirchenkreis selbst wurde Anfang des 20. Jahrhunderts aufgelöst: So zog 1920 in dem fast durchweg römisch-katholischen Allendorf - dem heutigen Stadtallendorf - erstmals eine protestantische Familie zu. 1945 wird hier zum ersten Mal ein evangelischer Gottesdienst gefeiert, 1952 eine eigenständige Gemeinde gegründet und 1953 eine evangelische Kirche eingeweiht. Wesentlich früher, nämlich 1852, hatten sich die Protestanten im katholischen Neustadt zusammenschließen können. Eine eigene Pfarrstelle bekam Neustadt allerdings erst 1954, nachdem die Kirchengemeinde aus dem angrenzenden Kirchenkreis Ziegenhain ausgegliedert und dem Kirchenkreis Kirchhain angeschlossen worden war.

Bei aller freundlichen Nähe zu den katholischen Nachbarn ist heute das Erbe der Reformation im Kirchenkreis Kirchhain lebendig geblieben. Das wird nicht nur sichtbar in der Selbstverständlichkeit, mit der die evangelische Kirche hier noch zum Leben dazugehört. Es wird auch hörbar: zahlreiche Posaunenchöre lassen das Lob Gottes erklingen, und rund 500 Sängerinnen und Sänger engagieren sich in 19 Kirchenchören. Für den Nachwuchs wird unter anderem in Stadtallendorf gesorgt, wo die einzige kirchliche Sing- und Musikschule auf dem Boden der Landeskirche den Kleinen und Kleinsten die Freude am Musizieren nahebringt. Überhaupt spielen Kinder in der Arbeit des Kirchenkreises eine besondere Rolle. Allein zwölf Kindergärten in kirchlicher Trägerschaft versuchen, erzieherisches Handeln, das an der christlichen Botschaft orientiert ist, im Alltag umzusetzen.

Alltagslernen für drei Generationen

Die evangelische Kirche in Marburg und im Marburger Land ist ein Raum, in dem Schritte im Alltag gegangen und zugleich Wege in die Zukunft gesucht werden. Das zeigt sich besonders augenfällig in der Arbeit der Evangelischen Familien-Bildungsstätte (EFBS). Im Herzen von Marburg hat sie ihren Sitz, und Menschen aus der ganzen Region nehmen ihre Angebote wahr. Sie ist eine von drei gleichnamigen Einrichtungen in der Landeskirche (die beiden anderen befinden sich in Kassel und Eschwege). Die 1946 als „Mütterdienst" gegründete EFBS weiß sich dem Ziel eines generationenübergreifenden und interkulturellen Miteinanders verpflichtet. Ihre Angebote zeichnen sich dadurch aus, daß sie Mütter, Väter und andere Erziehungsberechtigte in ihrer Erziehungsverantwortung unterstützen und bei Krisen Hilfen vermitteln. Sie entsprechen den jeweiligen Phasen, Lebenslagen und Aufgaben von Familien und deren Mitgliedern. Dabei werden die Augen vor den oft schwierigen gesellschaftlichen Realitäten nicht verschlossen. Die EFBS spricht Menschen aus allen Schichten der Bevölkerung an und bietet mit ihren Angeboten einen Ort der Begegnung und des lebendigen Lernens. Zum

Team der Diakoniestation

Repertoire der Evangelischen Familien-Bildungsstätte gehören eine Vielzahl von Veranstaltungen aus den Bereichen Familie, Erziehung und Gesellschaft, Gesundheit, Ernährung, Bewegung und Kreatives Gestalten. Auf unaufdringliche und lebenspraktische Weise stellt sie einen Bezug zwischen Menschen und Kirche her und beweist, wie nahe Kirche den Menschen vor Ort sein kann. Zugleich zeigt die Einrichtung, wie früh und flexibel sie in der Lage ist, auf gesellschaftliche Veränderungen zu reagieren. Lebendige Gegenwart in eine verantwortlich gestaltete Zukunft einmünden zu lassen - die Evangelische Familien-Bildungsstätte Marburg macht es vor.

Maik Dietrich-Gibhardt

Lebendiger Geist in alten Mauern

■ Schloßberg mit Pfarrkirche: Zwischen Schloß und Markt, im Herzen der Stadt, liegt die 1297 geweihte Lutherische Pfarrkirche St. Marien, die älteste Gemeindekirche der Stadt

■ 50 Jahre Ev. Familienbildungsstätte (EFBS) - die Einrichtung feiert ihr Jubiläum mit einem fröhlichen Fest für Jung und Alt

■ Der Nachwuchs ist ganz bei der Sache - viele Angebote der EFBS sind auf die Fähigkeiten und Bedürfnisse von Kindern zugeschnitten

■ Elisabethkirche: Lebendige Gottesdienste etwa anläßlich der Partnerschaft mit dem südafrikanischen Kirchenkreis Moretele zeigen, daß die Elisabethkirche in erster Linie Gemeindekirche ist und erst danach ein Denkmal kirchlicher Kunst

■ Portal der Elisabethkirche

Winterdächer: Modernes hat Marburgs Architektur genügend zu bieten - doch die schiefen Dächer unterhalb des Landgrafenschlosses machen für viele den Charme der Stadt aus

Elisabethkirche, Westturmanlage: Gestern und heute, tags und nachts: die beiden Westtürme der Elisabethkirche lenken den Blick himmelwärts

Michelchen: Eine kleine Oase versteckt hinter verwinkelten Fachwerkhäusern und abseits vom Straßenverkehr: die von einem alten Pilgerfriedhof umgebene Michaelskapelle, die von den Marburgern liebevoll „Michelchen" genannt wird und in der heute viele Trauungen und Taufen gefeiert werden

Glaube über den eigenen Kirchturm hinaus

Die neu restaurierte Heinemann-Orgel in der Stiftskirche Wetter. Gebaut 1766. Die einzige erhaltene zweimanualige Orgel von Johann Andreas Heinemann, der als bedeutender Orgelbauer in der 2. Hälfte des 18. Jh. in Oberhessen gilt ■ Stiftskirche Wetter: Den beiden schottischen Königstöchtern Almudis und Digmudis, die um 1015 in Wetter ein Kanonissenstift gründeten, verdankt die Stadt die frühgotische Stiftskirche, die 1250-1280 nach dem Vorbild der Marburger Elisabethkirche erbaut wurde ■ Weihnachtlich geschmückter Altar im frühgotischen Kreuzrippengewölbe der Kirche in Fronhausen. ■ Lebensfreude schenken und Zukunft eröffnen - ein Straßenkinder-Projekt, durchgeführt durch die mit dem Kirchenkreis Marburg-Land partnerschaftlich verbundene Mekane-Yesus-Kirche Äthiopiens ■ Altarbild Elnhausen: Der einheimische Maler und Glaskünstler Erhard Jakobus Klonk schuf 1971 das farbenprächtige Freskogemälde im Altarraum der Elnhäuser Kirche aus dem 18. Jh. ■ „Die Beschützerin". In einem Seitenschiff der spätromanischen Klosterkirche von Caldern lädt diese Bronzeplastik von Francois Brochet zur Andacht ein ■ Kinder in Marburger Tracht

■ Die Trinitatiskirche in Wehrda wurde 1980 fertigstellt ■ Die Michelbacher Martinskirche, um 1200 erbaut, war eine der frühesten Taufkirchen im Marburger Raum ■ Oberrosphe: Das romanische Schiff - im 19. Jh. teilweise erneuert - und der Chorraum mit Rippengewölbe aus dem 15. Jh. weisen auf das hohe Alter dieser Kirche hin ■ Kirche und Friedhof auf dem Christenberg werden bis heute gottesdienstlich genutzt. Die heutige Friedhofskapelle steht auf einer vorgeschichtlichen Wallanlage. Die ehemalige Pfarrkirche St. Martin war im Mittelalter Dekanatskirche des gesamten oberen Lahn- und Edertales ■ Die evangelische Stephanskirche zu Schweinsberg: Eine dreischiffige Hallenkirche, die 1506 vollendet wurde. Im Netzgewölbe des Chores findet sich die Jahreszahl 1664 - das Jahr der Wiederherstellung nach dem30-jährigen Krieg ■ Hofanlagen mit Fachwerkbauten prägen die Ortskerne im Marburger Land wie hier in Fronhausen. Die liebevoll gestalteten Höfe erinnern an eine landwirtschaftlich geprägte Gesellschaft, die sich seit einigen Jahren im Umbruch befindet. Doch die „Kirche bleibt im Dorf". Die Fronhäuser Kirche überragt den Ort mit ihrem Turm, den acht Wachttürmchen zieren

An Ohm und Wohra. Nahe Heimat Kirche

Etwa zwölf Kilometer nördlich von Marburg, am rechten Ufer der Ohm, liegt die Stadt Kirchhain. Erbaut wurde sie auf einem Basalthügel, auf dessen Kuppe sich die Kirche erhebt. Um die „Kirche im Hain", eine Ende des 14. Jh. erbaute und über die Jahrhunderte mehrfach umgestaltete Kirche, gruppiert sich ringförmig die von Fachwerk geprägte Altstadt ▪ Den Chorraum der Jakobskirche in Langenstein ziert ein feingegliedertes zweischichtiges Netzgewölbe, einzigartig in Nordhessen ▪ „Berges": (wohl von hebr.: barak=segnen) heißt ein Weizengebäck, das seit alten Zeiten von den Kirchhainer Bäckern zu Neujahr verkauft wird ▪ Vier Jahrhunderte Baugeschichte sind an der Rauschenberger Stadtkirche ablesbar, mit deren Bau im 13. Jahrhundert begonnen wurde ▪ Eine der Hl. Elisabeth geweihte Totenkapelle mit romanischem Portal ist bei Ernsthausen zu finden

Kreisposaunenfest Kirchhain: Gott loben mit Trompeten und Posaunen - die Kirchhainer Bläserinnen und Bläser feiern das Kreisposaunenfest in romantischer Umgebung ■ Bonifatius missioniert auf der Amöneburg: Ein Laienspiel (1996) zur 1275 Jahrfeier erinnerte daran ■ Schweinsberg im Ohmtal schmiegt sich an einen runden Basalthügel, auf dessen Gipfel sich das Schloß als Stammsitz der Schenken zu Schweinsberg erhebt ■ Kindergarten Großseelheim: Über 90 Kinder in vier Gruppen fühlen sich wohl im „Regenbogenland", der 1996 eingeweihten evangelischen Tageseinrichtung für Kinder in Großseelheim ■ In der Kleinseelheimer Kirche wird anschaulich demonstriert, daß Glockenläuten jahrhundertelang Handarbeit war - und hier noch ist

Heilige und Heiliges in der Kunst

Der Goldene Schrein aus dem Jahr 1250 zählt bis heute zu den prunkvollsten Sehenswürdigkeiten der Marburger Elisabethkirche. Er enthielt die Gebeine der 1235 heiliggesprochenen Landgräfin und zeigt neben Christus und den Aposteln Szenen aus dem Leben der Elisabeth: Almosenverteilung, Speisung der Hungrigen, Fußwaschung etc.

Altar von 1626 in der Lutherischen Pfarrkirche St. Marien in Marburg. Das frühbarocke Altarbild von Adam und Philipp Franck aus Gießen ist eine Predigt in Bildern, die von lateinischen Sinnsprüchen erläutert wird

Der Kruzifixus - eine dörfliche Barockarbeit an der auffallend umfangreich mit ausgemaltem Schnitzwerk gestalteten Kanzel der evangelischen Kirche in Oberrosphe. Die Kanzel entstand um das Jahr 1700

■ Nach aufwendiger Restaurierung erstrahlt das mittelalterliche Retabel in der Stiftskirche zu Wetter wieder in seiner ungewöhnlichen rotgrünen Farbgebung. Es zeigt in sieben Arkadenbögen die Passionsgeschichte Jesu ■ Zentraler Blickfang im Altarraum der Kirche in Moischt ist das von dem Oberrospher Glaskünstler Erhart Klonk (d.Ä.) um 1920 entworfene Fenster. Es zeigt das Herabkommen des Heiligen Geistes ■ Altarkreuz in der Universitätskirche Marburg. Vergoldete Reliefs zeigen die Evangelistensymbole ■ An die Frömmigkeit der Heiligen und ihre selbstlose Fürsorge für Arme und Kranke erinnern die prächtigen Glasfenster im Ostchor der Elisabethkirche Marburg ■ 1466 stiftete der Wetteraner Pfarrer Johannes Seilwinder die Darstellung der gekrönten Maria mit dem Kind, die bis heute als Detail des Zelebrantenstuhls in der Stiftskirche zu Wetter erhalten geblieben ist ■ Verkündigungsengel: Der spätgotische Flügelaltar - in der Nachfolge des Konrad von Soest entstanden - der evangelischen Pfarrkirche zu Rauschenberg gehört zu den eindrucksvollsten nordhessischen Flügelaltären (15. Jh.)

Fürstentum und Ferienland

Sanft geschwungene hohe Berge, dunkle Wälder, liebliche Flusslandschaften und künstlich geschaffene Talsperren prägen das Ferienland Waldeck. Nahezu mit dem ehemaligen Fürstentum identisch, gaben Schloss und Stadt Waldeck der gesamten Region ihren Namen. Südlich schließt sich ein weiteres Ferienparadies an, das Ederbergland, rechts und links der Eder vom Rothaargebirge bis zum Edersee.

Früher kaum vorstellbar, seit 1974 aber Wirklichkeit: „Waldecker Dickköpfe" und „Blinde Hessen" leben einträchtig im größten hessischen Landkreis beieinander. Waldeck-Frankenberg, zu 45 Prozent bewaldet und mit einem fast gleich großen landwirtschaftlich genutzten Anteil, umfasst drei „waldeckische" Kirchenkreise (die ehemaligen Landkreise der Eder, des Eisenbergs und der Twiste), einen „kurhessischen" (Frankenberg) und aus zwei Kirchenkreisen einige Gemeinden (Kirchhain und Wolfhagen). Und mitten durch diese Region zieht sich unverwischbar die Grenze oberdeutschen und niederdeutschen Volkstums, die Stammesgrenze zwischen Franken und Sachsen.

1526 verkündete Johann Hefentreger zum ersten Mal Gottes Wort nach Luthers Lehre im Waldecker Land. Über 400 Jahre hielten die Waldecker und ihr Herrscherhaus unbeirrt am

■ Korbach, die einzige Hansestadt Hessens
■ Schmuckstück: Das zehntürmige Rathaus von Frankenberg (1509)
■ Kurschattenbrunnen in Bad Wildungen

Titelbild: Edersee mit Blick auf Schloss Waldeck

evangelisch-lutherischen Bekenntnis fest und setzten jedem Eindringen von reformierter-calvinistischer Lehre energischen Widerstand entgegen. 1934 nahm ein Willkürakt der Landeskirche von Waldeck und Pyrmont ihre Selbständigkeit: Am 14. Juli verkündete das Kirchliche Amtsblatt in Kassel den Anschluss Waldecks an das „evangelische" Kurhessen. Dadurch erhielten die Kurhessen nicht nur einen weiteren landschaftlich bezaubernden Landesteil dazu, sondern eine geschichtsträchtige Region mit vielen sakralen Kunstschätzen und einer religiösen Bevölkerung. Allerdings fühlen sich die „eingepfarrten" Waldecker nicht als Hessen und werden immer Waldecker bleiben, ebenso wie die Frankenberger im Süden (zeitweise Ausweichquartier der Marburger Universität) Teil des lutherischen Oberhessens - mit einigen reformierten Einsprengseln meist hugenottischer Tradition - bleiben werden. (Siehe Seite 7 ff.)

Manfred Liebrecht

Wappen der Region: ein halber hessischer Löwe und der schwarze waldeckische Stern

Im Schloss Bad Arolsen lebt die Familie des Fürsten von Waldeck und Pyrmont

- Denkmal in Affoldern: Am 17. Mai 1943 zerstörten Bomber die Edersee-Sperrmauer. In der Flutwelle ertranken Mensch und Vieh
- Die Eder (Bild), Diemel und Twiste prägen die Ferienlandschaft
- Zentrum des Wintersports: Kneippheilbad Willingen
- Das größte Feriendorf im Kreis: Frankenau bietet zu jeder Jahreszeit erholsamen Urlaub

Stadt auf dem Berg

Weit sichtbar auf einem Bergrücken liegt im Schutz des Schlosses die Stadt Waldeck. Bereits 1232 besaß sie Stadtrechte und wenig später Mauern mit Türmen und Toren. An den Hängen wurde sogar Wein angebaut. Auch heute bietet sie ihren Gästen eine gepflegte Gastronomie. Die spätgotische Kirche, in der die erste öffentliche evangelische Predigt im Waldecker Land gehalten wurde, überragt die Stadt.
Die Grafschaft (ab 1711 Fürstentum) entstand aus Teilen des fränkischen und sächsischen Hessens sowie des Ittergaus. Seit 1180 war die Burg Herrschersitz der Grafen zu Waldeck. Ab 1665 wurde die Stammburg aller gräflichen Linien (Eisenberg, Wildungen und Bergheim) aufgegeben, und die Grafen residierten in Arolsen. Nach unterschiedlichsten Nutzungen ist das Schloss heute eine der nobelsten Adressen: „Gast im Schloss".
In Sichtweite liegt die Kirche St. Maria und die Vier Gekrönten von Netze. Die ehemalige Zisterzienserinnen-Abtei Marienthal blieb, auch nach der Aufhebung des Klosters, mit ihrer angebauten Kapelle bis 1677 Grablege der Grafen zu Waldeck. Besonders sehenswert ist der fünf Meter breite Flügelaltar in altdeutscher Tafelmalerei. Um die dargestellten Ereignisse als Geschehen im Reiche Gottes zu charakterisieren, sind die Szenen aus dem Leben Jesu mit Figuren einer „Typensprache abendländischer Kunst" auf Goldgrund gemalt: Andachtsbilder und Zeugnisse des Glaubens ihrer Zeit.

■ Die Stadtkirche von Waldeck ■ Chorraum der Stadtkirche Waldeck mit dem wertvollen Marienaltar aus dem Jahr 1483. Nach einer umfangreichen Restaurierung wurde er im Jahr 2002 wieder aufgestellt. – In dieser Kirche wurde am 17. Juni 1526 durch Johann Hefentreger zum ersten Mal im Waldecker Land nach Luthers Lehre gepredigt. Eine Gedenktafel an der Kirche erinnert daran ■ Hotel und Museum: Schloss Waldeck ■ Grablege der Waldecker Grafen: Begräbniskapelle St. Nikolaus in der Klosterkirche Netze ■ Totenleuchte an der Waldeckischen Begräbniskapelle St. Nikolaus in Netze

■ Ungewöhnlich: Krönung Mariens (Krone und Taube sind verloren gegangen) in der evangelischen Waldecker Kirche (15. Jh.)

Heil-Wasser

In unterschiedlichen Erscheinungsformen prägt Wasser das Leben der Menschen im Kirchenkreis der Eder. Früher war es oft der unberechenbare Fluss, der Not und Elend verursachte, aber sie auch mit Lachsreichtum und rarem Edergold verwöhnte. Ohne das gestaute (und regulierte) Wasser der Eder wäre die heutige Ferienregion um vieles ärmer.
Bonifatius missionierte im 8. Jahrhundert heidnische Hessen im Gebiet der Eder. Seitdem werden Christen mit Wasser getauft und in die Kirchengemeinde aufgenommen.
Eine weitere heilende Wirkung des Wassers wird seit dem Mittelalter genutzt: dem Welt- und Staatsbad Wildungen bringen seine Heilquellen immer wieder wirtschaftlichen Aufschwung. Mit mehr als 100.000 Gästen pro Jahr (mit Reinhardshausen) entwickelte es sich zu einem der größten und modernsten Heilbäder Deutschlands.
Gesundheit umfasst mehr als bloße Heilung, meint immer den ganzen Menschen. Sich wohlfühlen, zur Ruhe kommen und Anregungen für die Seele erhalten: die Angebote der ökumenischen Kur- und Urlauberseelsorge reichen vom lockeren Gespräch über Gott und die Welt bis zur seelsorgerlichen Begleitung.
Selbstverständlich sind die Kur- und Feriengäste zu den Veranstaltungen und Gottesdiensten der Kirchengemeinden im Kirchenkreis herzlich willkommen. Die mächtige gotische Stadtkirche in Bad Wildungen zählt zu den schönsten hessischen Hallenkirchen und steht zu Kunstgenuss, Besinnung und Andacht offen - Dank dem Engagement Wildunger Bürger, die sich täglich beim „Kirchendienst" (informieren und beaufsichtigen) abwechseln.

■ Evangelische Kirche Netze
■ Auf leuchtendem Goldgrund malte ein unbekannter Meister Szenen aus dem Leben Jesu (Kreuzigung; Netze, um 1370)
■ Konsolstein aus der Netzer Kirche (1380)
■ Die Brunnennymphe bietet das kostbarste Gut des Weltbades Wildungen an: (Heil-)Wasser
■ Angebote der ökumenischen Kur- und Urlauberseelsorge: Konzert (Musikgruppe und Besucher) im Kurpark
■ Im Zentrum der malerischen Altstadt von Bad Wildungen erhebt sich die mächtige mittelalterliche Stadtkirche

■ Die Stadtkirche St. Nikolaus in Bad Wildungen mit dem gotischen Flügelaltar des Malers Conrad von Soest (1403)
■ Die älteste Brillendarstellung nördlich der Alpen (Stadtkirche Bad Wildungen)
■ Alt-Wildungen war einst im Umkreis der Burg (Schloss Friedrichstein) eine eigenständige Stadt
■ Eine der ältesten Kirchen ist St. Martin in Bergheim (um 1000) mit kostbarer Renaissance-Ausmalung (um 1573)
■ Figürliche und ornamentale Wandmalerei (1480) in der Kirche von Frebershausen

Seit mehr als 450 Jahren schaukeln am Heiligabend um Acht (und am nächsten Morgen um Sieben) Lichter am Turm der alten Kilianskirche in Korbach. Männer singen Lieder und schwenken Laternen sowie Lampions als Symbol des wiegenden Christkinds. Einige Laternen hängen an langen Leinen, damit sie auch weiter unten am 74 Meter hohen Turm „tanzen“ können. Eine Legende erklärt den vorreformatorischen Brauch: Während einer Pestepidemie fieberten viele Kranke im Dezember in der Kilianskirche. Am Weihnachtsabend sollen die noch gesunden Männer ihre Fackeln hinauf zum Turm getragen, sie geschwungen und Choräle gesungen haben. Danach habe es keine Todesopfer der Seuche mehr gegeben.

■ Im Chor der Kilianskirche stehen ein Flügelaltar (1521), ein Sakramentshaus (1525) sowie ein „Stummer Diener“ als Lesepult
■ Anbetung der Könige (1518), Nikolaikirche
■ Schlussstein „Der Heilige Kilian“ mit halbiertem Waldecker Stern (Kilianskirche)
■ Epitaph des Reichsfürsten Georg Friedrich (1620-1692), Nikolaikirche Korbach

„Beggern“

In Berndorf und in Usseln hat sich zu Weihnachten das „Beggern“ erhalten: Die Klöppel werden in unterschiedlichem Takt per Hand an die Glocke geschlagen. In Berndorf „beggern“ an drei Glocken neun Männer.
In Goddelsheim teilt morgens ein zehnminütiges Läuten der Totenglocke mit, dass jemand entschlafen ist. Oft gibt der Küster zur Kirche eilenden Anteilnehmenden Auskunft über den „Sterbefall“. Nachbarn sprechen ab, wer den Sarg trägt (früher schaufelten sie auch das Grab aus). Am Tag der Beerdigung versammelt sich recht früh eine große Trauergemeinde in der Kirche, um in aller Stille Abschied zu nehmen. Eindringlich läutet die letzten zwanzig Minuten vor der Trauerfeier die Totenglocke im Sekundentakt.
Traditionen werden im Kirchenkreis des Eisenbergs sehr gepflegt. Doch die Kirche nimmt an der stets wechselnden Lebenssituation ihrer ländlich geprägten Mitglieder regen Anteil. So sieht sie beispielsweise einen Schwerpunkt ihrer Aufgaben in der Jugendarbeit. Fast flächendeckend können Jugendliche die unterschiedlichsten Angebote wahrnehmen. Außerdem unterhält der Kirchenkreis viele evangelische Kindertagesstätten.
Partnerschaftliche Beziehungen werden zur Ev.-Lutherischen Kirche in der Republik Namibia gepflegt. In der ehemaligen deutschen Kolonie gehören 95 Prozent der Bevölkerung christlichen Kirchen an.

■ Das bedeutendste gotische Portal in Nordhessen ist das figurenreiche Südportal der Kilianskirche (1420). Wieviele Brautpaare wohl hier mit Gottes Segen ihren gemeinsamen Weg begonnen haben?
■ Verstorbene werden in der Goddelsheimer Kirche aufgebahrt
■ Kinder und Eltern springen, singen und spielen im Schatten der Bäume auf dem Korbacher Kilians-Kirchhof
■ „Beggern“: Die Glocke wird von Hand angeschlagen. Seit über 50 Jahren ist Wilhelm Emde an diesem Weihnachtsläuten beteiligt

Vorstellung der Konfirmanden im Gottesdienst in Schwalefeld
Die ehemalige Willinger Kirche wird heute als Gaststätte genutzt
Charakteristisch für romanische Uplandkirchen:
die Staffelkirche St. Thomas (1220) in Rhena
Die Kirche des ehemaligen Benediktinerklosters Flechtdorf
ist die einzige Doppelturmanlage in Waldeck
Mit dem Stau der Diemel entwickelte sich die Region
zu einem Zentrum des Fremdenverkehrs (Sperrmauer 1913-1922)

Zwischen Himmel und Eder

Unübersehbares Wahrzeichen Frankenbergs: die Liebfrauenkirche (1286-1380) ist ein getreues Abbild der Marburger Elisabethkirche

1957 wurde das spätgotische Rankenwerk freigelegt (Innenaufnahme Seite 55)

Menschen sehnen sich nach himmlischer Erlösung. Die Bauten ihrer Kirchen im 13. Jahrhundert werden höher, viel Licht strömt durch die mit großen Fenstern gegliederten Wände, schlanke Säulen laufen oben in Rippen aus und verbinden sich mit anderen. Der Turm strebt zum Himmel und scheint sich in einem durchsichtigen Geflecht aufzulösen.

Über drei Generationen bauten auf einem Bergrücken oberhalb der Eder an „ihrer" Liebfrauenkirche. Von 1286 bis 1380 schufen sie ein Meisterwerk gotischer Baukunst. Prachtstück ist die Marienkapelle, die ein Frankenberger stiftete und der Steinmetz Tyle aus Frankenberg erbaute und reichlich ausschmückte.

Die Bevölkerung nahm die 1526 vom hessischen Landgrafen eingeführte Reformation gern an. Ein bedeutender Vertreter war der Frankenberger Pfarrer Caspar Tholde. Als Folge der „Verweltlichung" (Säkularisierung) der Klöster wurde in Haina ein Hospital gegründet und aus dem Vermögen der aufgelösten Klöster unterhalten. Jeden Rest katholischen Wesens versuchte Philipps Nachfolger Moritz auszurotten. Die „Maurizianische Reform" führte zur Absetzung lutherischer Pfarrer und zur „Bilderstürmerei" - auch in der Frankenberger Liebfrauenkirche. Sehr viele Statuen, Kruzifixe und Heiligenbilder wurden aus Kirche und Marienkapelle entfernt und größtenteils vernichtet. Verschont blieben die Herrschaft Itter (das spätere Amt Vöhl) und der Raum Battenberg, die zu Hessen-Darmstadt gehörten. Große Not brachte der Dreißigjährige Krieg ins Land. Seine unüberblickbaren politischen und religiösen Motive verwirrten manche Christen. Schlimme Folgen dieser Notzeit waren Aberglauben und Hexenwahn.

Ende des 17. Jh. bot Kurhessen französischen Glaubensflüchtlingen Schutz. Sie gründeten Gemeinden und feierten evangelisch-reformierte Gottesdienste.
In der Folgezeit verunsicherten aufklärerische Strömungen die Glaubenden und sind seitdem eine ständige Herausforderung, Denken und Glauben miteinander zu verbinden.
Nach dem Krieg von 1866 wurde Kurhessen (auch das darmstädtische Dekanat Vöhl) preußisch und der König kirchlicher Oberherr. Es entwickelte sich eine rege kirchliche Vereinstätigkeit, und die Mitwirkung der „Laien" nahm durch die neu gebildeten Kirchenvorstände zu. Nach dem Ende der Monarchie beschlossen synodale Gremien eigene kirchliche Ordnungen.
In der alten Handelsstadt im Frankenberger Land begegnen sich Vergangenheit und Neuzeit: verträumte Gassen und Straßen, prächtige Fachwerkhäuser aus dem 16. bis 18. Jahrhundert, trutzige Bruchsteingebäude und das schiefergedeckte zehntürmige Rathaus mit seinem Markttreiben in der Halle.
Die 8.000 Evangelischen der Stadt leben in nur einer Kirchengemeinde. Probleme der Gegenwart versucht sie mit zu lösen, ohne ihre Grundaufgaben zu vernachlässigen: Gottesdienst und Seelsorge, Unterricht und Diakonie. Bei vielen sozialen Aufgaben arbeitet die Kirche mit kommunalen Partnern zusammen. So wird das Hospital „Stiftung St. Elisabeth" getragen vom Landkreis, der Stadt, dem Kirchenkreis und der Kirchengemeinde.

Der reich verzierte Eingang zur Marienkapelle (1380)

Grabstein des Caspar Tholde,
Pfarrer in Frankenberg und Beichtvater Philipps des Großmütigen (16. Jh.)

- Mehr als ein dreiviertel Jahrtausend erklingen in der Klosterkirche Haina Musik und Gesang, Predigt und Gebet
- Philipp der Großmütige führte die Reformation ein und löste Klöster auf. 1527 wurde die Zisterzienserabtei Haina Heilanstalt (Gedenkstein, Philipp Soldan, 1542)
- Drei Gemeinden errichteten und zwei nutzen gemeinsam die Kirche in Oberorke (1739, „Bauernbarock“)
- Eine der ältesten Fachwerkkirchen Hessens (1628) steht in Dorfitter (Fachwerkoberbau von 1676)
- Glaubensflüchtlinge aus Frankreich fanden 1687 in Louisendorf eine neue Heimat
- Wiesenfeld (Kirche um 1280) entstand aus einer Johanniter-Kommende und ist eine ehemalige Waldenser- und Hugenottengemeinde
- Gottesdienst im sommerlichen Burgwald an den „Herrenbänken“

Gottes Wort und Luthers Lehr ...

Um Bürger für seine Residenzstadt zu gewinnen, versprach Fürst Friedrich Anton Ulrich 1719 Lutheranern, Reformierten und Katholiken volle Religionsfreiheit, wenn sie sich in Arolsen ansiedelten. Erstmals durchbrach ein waldeckischer Regent die territoriale Geschlossenheit der lutherischen Landeskirche, in der knapp zweihundert Jahre zuvor die erste evangelische Predigt gehalten wurde und Philipp Nicolai in theologischen Auseinandersetzungen um das Abendmahl ein unversöhnliches Luthertum verkörperte. Heute versorgen im Kirchenkreis der Twiste, dem kleinsten der Landeskirche, achtzehn evangelische Pfarrerinnen und Pfarrer sowie zwölf hauptamtlich Mitarbeitende vier Gemeinden, neun Kirchspiele und drei diakonische Einrichtungen.

■ Das Deckengemälde „Luther mit dem Schwan" (zwischen 1717 bis 1721) in der Kirche von Schmillinghausen
■ Stattlicher barocker Altaraufsatz um 1680 in der Kirche von Mengeringhausen mit Gemälden (Abendmahl und Ölberg)
■ Abendmahlsfeier in Rhoden: Die Kanzel (1735) erhebt sich hinter dem Altar, dessen „Paradiesgärtlein" den Taufstein umschließt
■ Evangelische Predigtkirche in Helsen: Auf Palmsäulen ruht über dem Altar der pyramidenförmige Kanzelaufbau (um 1680). „Die Palme wächst auch unter der Last" (Palma sub pondere crescit) ist der Wahlspruch des Waldecker Fürstenhauses

■ Im alten Pfarrhaus Mengeringhausen wurde der Theologe und Liederdichter Philipp Nicolai (1556-1608) geboren und verlebte dort seine Jugend

Nächstenliebe leben

Im Kirchenkreis der Twiste wird nicht nur das Evangelium gepredigt, sondern Nächstenliebe gelebt: 1872 gründete Fürstin Helene zu Waldeck und Pyrmont das Sophienheim, eine „Fürsorgeanstalt für minderbemittelte Kinder". Da weitere Mitarbeiterinnen benötigt wurden, richtete sie 1887 ein eigenes Diakonissenhaus in Arolsen ein. Unter dem Protektorat der Fürstin Bathildis entwickelte es sich zu einem bedeutenden Werk: Das Waldeckische Diakonissenhaus. Mehrere hundert Menschen werden täglich von den Mitarbeiterinnen und Mitarbeitern betreut.
1912 begann auf Initiative und unter dem Protektorat der Fürstin Bathildis die Arbeit des nach ihr benannten Behindertenheims. Heute werden im modernen Rehabilitationszentrum „Bathildisheim" zirka 900 Menschen mit unterschiedlichen Behinderungen ausgebildet, gefördert, beschäftigt und betreut. Viele Kirchenmitglieder helfen durch ihre Spenden mit, hilfsbedürftigen Mitmenschen ihr Leben zu erleichtern.
Aus dem Dorf Schmillinghausen wurde das Evangelium nach Ostjava gebracht: Den Mühlenbauer Johannes Emde verschlug es nach Surabaja. Er unterrichtete Muslime nach dem Katechismus, wie er ihn im Konfirmandenunterricht auswendig gelernt hatte. Die ersten Taufen 1843 waren die Geburtsstunde der Evangelischen Kirche in Ostjava.
In Wethen hat sich 1975 der Laurentiuskonvent niedergelassen. Dessen Mitglieder leben in christlichen Hausgemeinschaften mit gemeinsamen Wohnungen und gemeinsamem Eigentum, erproben eine gemeinsame Willensbildung und Spiritualität, suchen nach neuen Lebensformen und setzen sich gesellschaftlich, kirchlich, ökologisch und friedenstiftend ein.

Gotische Glasfenster (um 1320): Beim Bau der Edertalsperre wurde das Gebäude des Klosters Berich abgetragen, um zwei Joche verkürzt und 1911-1912 in Neu-Berich wieder aufgebaut
Romanisches Tympanon (12. Jh.) aus der Kirche von Alt-Rhoden
Im Schloss von Rhoden befindet sich ein Altenheim des Landkreises
Fürstin Bathildis (gestorben 1962)

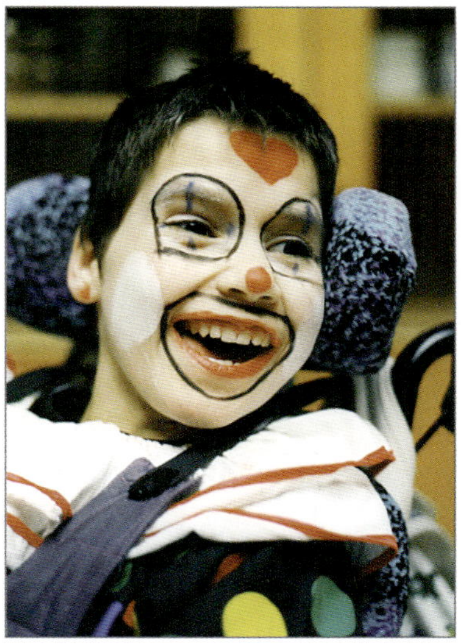

Die klassizistischen Marmorfiguren „Liebe, Hoffnung und Glaube“ (1842-52) in der Bad Arolser Stadtkirche schuf Christian Daniel Rauch ■ Die diakonischen Einrichtungen in Bad Arolsen verdanken ihr Werden und ihre Förderung wesentlich dem Fürstenhaus ■ Mit der Schule für Körper- und Sprachbehinderte, dem Berufsbildungswerk, den Heilpädagogischen Wohnheimen und der Werkstatt für Behinderte ermöglicht das Bathildisheim behinderten Menschen Schul- und Berufsausbildung, Arbeits- und Wohnplätze sowie Förderung und Pflege ■ Vielfältige Aktivitäten des Waldeckischen Diakonissenhauses „Sophienheim“ (1887 durch Mithilfe von Fürstin Helene eingerichtet): Mutterhaus, die Lehranstalt für Altenpflege, Alten- und Pflegeheim, Kinderheim, Gemeinde-Krankenpflegestationen, die Aktion „Essen auf Rädern“ und Hospizarbeit ■ Blick auf Wethen: hier lebt die Wohngemeinschaft „Laurentiuskonvent“ ■ Die Krypta der Kirche von Wethen stammt aus romanischer Zeit, während das Schiff 1812 auf mittelalterlichen Mauern errichtet wurde

„Seht, welch ein Mensch ...“

Im Waldecker Land sind wertvolle Kunstwerke erhalten geblieben. Viele stehen noch an den Orten, für die sie bestimmt waren. In den Kirchen dienen sie ihrer ursprünglichen Aufgabe: der Verehrung und Anbetung Gottes.
Mit der Ausbreitung der evangelischen Lehre musste entschieden werden, wie mit den übernommenen Kultgegenständen verfahren werden sollte. Großzügig ließ der lutherische Glaube viele Kunstgegenstände an seinem Platz, während Reformierte ihre Kirchen ausräumten.
Die „Bilderstürmerei“, im 16. Jahrhundert ein Zeichen innerer Unsicherheit, hielt in Waldeck nicht lange an, da die Waldecker Grafen rechtzeitig eingriffen. Als zum Beispiel Pfarrer und Lehrer begannen, die Bericher Klosterkirche leer zu räumen, hielt sie Graf Philipp III. schriftlich davon ab.
Diese tolerante Einstellung hat viele Altäre erhalten, die heute kunsthistorisch einmalig sind und im Mittelpunkt des gottesdienstlichen evangelischen Lebens stehen: Beispielsweise die berühmten und einmaligen Altäre in Netze (um 1370) und Bad Wildungen (1403) berichten mit ihren Bildtafeln vom „wahren Mensch“ und „wahren Gott“. Komplizierte theologische Erkenntnisse werden bildhaft vermittelt - seit Jahrhunderten ohne viele Worte.

Botschaft des Engels: „Du wirst schwanger ...“ (Netze; um 1370, westf.-hess. Schule)

Weit gereist: Heilige Drei Könige (Korbach, Nikolaikirche; 1518, Franziskanerkloster)

Fürsorge: Kochen für Mutter und Kind (Bad Wildungen; 1403, Conrad von Soest)

Berufung und Sendung: Jesu Taufe durch Johannes (Braunau; 1523, Meitersdorfer Werkstatt) - Vorbild für die Flusslandschaft war die heimische Eder

„Zu meinem Gedächtnis“: gemeinsames Essen (Bad Wildungen; 1403, Conrad von Soest)

Weinen und klagen: Kreuzabnahme Jesu (Nieder-Waroldern; 1519, Franziskanerkloster Korbach, 1995 restauriert). „... und banden ihn in Leinentücher mit wohlriechenden Ölen ...“

Verzweiflung: „... so gehe dieser Kelch an mir vorbei“ (Haina; 1788, J. H. Tischbein d.Ä.)

Antlitz des Geschundenen: Engel halten das Schweißtuch (Külte; 1521, 1999 restauriert)

Zeugin der Auferstehung: Maria Magdalena mit Salbtopf (Bergheim, um 1470)

„Erbärmebild“: Schmerzensmann (Frankenberg; 1370/1380, Tyle von Frankenberg)

Lebensbaum: Leben spendend tropft Blut aus Christi Wunden (Usseln; 1693, Josias Bützel)

Sonnengesang: ein Triptychon preist die Schöpfung (Rhadern; 1996, Michael Cornelius)

Entlang der Märchenstraße

Die Kirchenkreise Hofgeismar

Grebenstein

Kirche in Helmarshausen

Hugenottenkirche in Mariendorf

Titelbild: Dörnberg, im Hintergrund Zierenberg, Kirchenkreis Wolfhagen

Kirchtürme im Habichtswald

Schlößchen Schönburg in Hofgeismar: Sitz der Evangelischen Akademie

und Wolfhagen

Hugenottendorf Leckringhausen

Elbenberg

Im Kirchenkreis Hofgeismar trifft eine bewegte Geschichte auf die Erfordernisse der modernen Dienstleistungsgesellschaft. Zeugnisse von Glaubens- und Machtkämpfen finden sich eingebettet in eine landschaftlich reizvolle Gegend mit Wald, Wiesen und Flüssen. Die älteste hessische Hugenottenkirche, eine der bedeutendsten Hallenkirchen Hessens, das größte zusammenhängende Waldgebiet in Deutschland und eine der ältesten zoologischen Einrichtungen Europas liegen in und um Hofgeismar.

Hugenotten aus Frankreich fanden unter dem Schutz von Landgraf Carl von Hessen Asyl und gründeten mit Carlsdorf 1686 die erste hessische Hugenottensiedlung, wenige Jahre später folgten Hugenotten nach Schöneberg, Kelze, Friedrichdorf, Mariendorf und gründeten Bad Karlshafen, ein architektonisches Kleinod. Einige Jahre später floh eine weitere Glaubensgemeinschaft ebenfalls in die nordhessische Region, die Waldenser fanden in Gewissensruh und Gottstreu eine neue Heimat.

Altstädter Kirche in Hofgeismar

Kirchenkreis Hofgeismar

Die Altstädter Kirche in Hofgeismar, erbaut Mitte des 12. Jahrhunderts als romanische Pfeilerbasilika, gehörte zum Bistum Mainz, 1330 erfolgte ihr gotischer Umbau. Seit 1529 bis heute dient sie den evangelischen Christen als Gotteshaus.

Älter noch als die Altstädter Kirche ist der Reinhardswald. Der ehemalige Hutewald, in dem Rinder, Pferde, Schafe und Schweine zur Eichelmast getrieben wurden, entwickelte sich zum „Urwald“, in dem seit 1887 keine Rodungen mehr stattfinden. Das Naturschutzgebiet mit z.T. 1000jährigen Eichen, Buchen und

„Urwald“ Nähe der Sababurg

Dornröschenschloß Sababurg

anderen alten Bäumen umfaßt eine 10 Hektar große Waldfläche und ist damit der größte und älteste Urwald Europas. Inmitten des Reinhardswaldes werden im Tierpark Sababurg Wisente, Auerochsen und Pferde rückgezüchtet. Über dem Reinhardswald weithin sichtbar steht die Sababurg, in deren märchenhaften Gemäuern standesamtliche Trauungen vollzogen

Bad Karlshafen

werden. Viele Brautpaare feiern ihre kirchliche Trauung im Anschluß in Gottsbüren, einer ehemaligen Wallfahrtskirche mit prachtvollen Wandmalereien, um ihre Traumhochzeit zu arrangieren. Zahlreiche Burgen aus kriegerischen Zeiten bildeten gemeinsam mit einem reichen, mündlich überlieferten Sagenschatz zu Zeiten der Brüder Grimm das passende Ambiente für ihre Sammlung der berühmten „Kinder- und Hausmärchen“. Die deutsche Märchenstraße führt im Kirchenkreis Hofgeismar durch die Gemeinden Grebenstein, Hofgeismar, Trendelburg, Bad Karlshafen, Reinhardshagen und Oberweser.

Heute ist der Kirchenkreis Hofgeismar mit seinen gut 47.000 Gemeindegliedern weniger seiner märchenhaften Zustände wegen bekannt, sondern eher auf Grund der zahlreichen diakonischen Einrichtungen. In der Diakoniestation e.V. sind die Kirchengemeinden Mitglied und unterstützen so eine angemessene Betreuung pflegebedürftiger Menschen. Der Arbeitskreis Familienentlastender Dienst berät Eltern und Familienangehörige von geistig und mehrfach behinderten Kindern, Jugendlichen und Erwachsenen. Außerdem bietet er den Behinderten Angebote zur Freizeitgestaltung an. Gemeinsam mit dem Diakonischen Werk im Kirchenkreis Wolfhagen betreibt das Diakonische Werk im Kirchenkreis Hofgeismar die Fachberatungsstelle Wohnen und den Tagestreff „kanapee“ für wohnungslose Frauen und Män-

Rathaus und Altstadt Hofgeismar

ner. Gerade für die, die sich in größeren Städten nicht wohl fühlen, ist das „kanapee“ im ländlichen Hofgeismar eine wichtige Anlaufstelle, die noch dazu gut erreichbar direkt am Bahnhof gelegen ist.

Große diakonische Einrichtungen haben ebenfalls ihre Adresse im Kirchenkreis Hofgeismar: Die Hofgeismarer Werkstätten, die Suchtklinik Fürstenwald, das Rehazentrum Lippoldsberg, die Sozialdiakonie Immenhausen, die Philippsstiftung Immenhausen, der Freundeskreis der Suchtkranken Gesundbrunnen, der Krankenpflegeverein Oberweser und die Evangelische Altenhilfe Gesundbrunnen mit ihren

Sommerfest der
Evangelischen Altenhilfe Hofgeismar

Brunnentempel, Predigerseminar und Synodalgebäude in Hofgeismar

Altenheimen, einem bundesweit arbeitenden diakonischen Fortbildungszentrum für Altenpflege und einer geriatrischen Klinik.

Die Weser bei Veckerhagen, teilweise Grenze des Kirchenkreises. Fähre nach Hemeln

In direkter Nachbarschaft zur Evangelischen Altenhilfe befinden sich auf dem ehemals kurfürstlichen Kurparkgelände Gesundbrunnen das Evangelische Predigerseminar und die Evangelische Akademie der kurhessisch-waldeckischen Landeskirche. Zusätzlich zu den Vikarinnen, Vikaren und den Seminargästen der Akademie treffen sich zweimal im Jahr auf dem Gelände die Synodalinnen und Synodalen zu ihrer Frühjahrs- und Herbsttagung, um Kirchenpolitik zu bestimmen. Das oberste Gremium der Landeskirche tagt vis à vis des barocken Brunnentempels im Synodalsaal.

Musik und Gesang haben im Kirchenkreis Hofgeismar eine lange Tradition, regelmäßige Chor- und Orgelkonzerte, z.B die Gottsbürener Orgelmusiken und in Hofgeismar die Reihe "Orgel plus", in der je ein anderes Instrument die Orgel ergänzt, locken Besucher aus den 52 Dörfern und Städten des Kirchenkreises in die großen und kleinen Kirchen. Posaunenchöre spielen zu besonderen Gottesdiensten. Seit einigen Jahren tritt auch ein Gospelchor immer wieder bei Festen und in Gottesdiensten auf. Aktive Jugendarbeit in den Gemeinden, ein Jugendzentrum in Hofgeismar, Konfirmanden-, Kinder- und Jugendfreizeiten auf Fahrrädern oder in Booten auf der Weser und Diemel, die durch den Kirchenkreis fließen, sind wichtiger Bestandteil der Arbeit im Hofgeismarer Kirchenkreis. Auch das Bürgerradio "Radio Nordspitze" nutzen die Jugendlichen, um Beiträge über sich und ihre Kirche zu senden.

Während die Gemeinden im Diemeltal und Warmetal immer noch landwirtschaftlich geprägt sind, erleben die Gemeinden Calden, Grebenstein und Espenau durch ihre Nähe zu Kassel in den letzten Jahren eine deutliche Veränderung. Zahlreiche junge Familien bauen dort ihre Häuser, sind aber in ihrem sozialen Leben erst einmal weiterhin auf Kassel konzentriert. Eine funktionierende Gemeinschaft zu erhalten oder neu aufzubauen, ist hier eine wichtige Aufgabe für die Kirchengemeinden. Krabbel- und Kindergruppen stellen oft den ersten regelmäßigen Kontakt der neuzugezogenen Familien zu alteingesessenen Gemeindegliedern dar. Eine Chance, die in den Gemeinden genutzt wird.

Christiane Decker

Gospelchor der evangelischen Kirchengemeinde Hofgeismar

Evangelisches Gemeindehaus in Hofgeismar

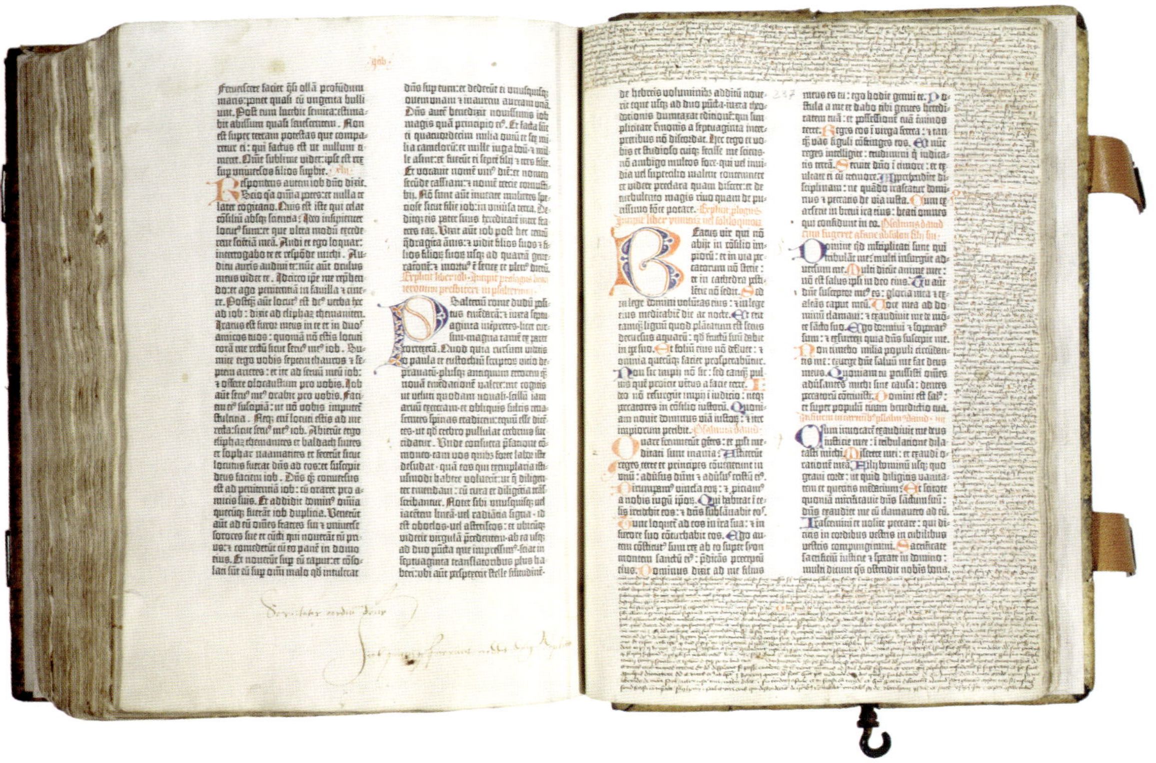

Geist der Freiheit

Gutenbergbibel Immenhausen - 1958 wurde sie auf dem Dachboden des Pfarrhauses gefunden, aber erst 1975 identifiziert. Der erste Band eines zweibändigen Werkes enthält das Alte Testament. Das Buch besitzt einen originalen Ledereinband des 15. Jh. und ist mit blau-roten Initialen geschmückt. Die Immenhäuser Gutenbergbibel gehört zu den wertvollsten Exemplaren, die sich erhalten haben

Wertvolle spätgotische Wandmalerein in der Kirche Immenhausen zeigen Christusszenen und Heiligendarstellungen

Ein reich verziertes Portal mit französischer Inschrift schmückt die schlichte Hugenottenkirche in Carlsdorf. 1701-04 von Paul du Ry gebaut

Evangelische Kirche in Veckerhagen an der Weser. Ein kreuzförmiger Bau aus dem Jahre 1778 mit einem stattlichen Haubendachreiter

Mitten im Ort und doch weithin sichtbar: Die evangelische Kirche in Trendelburg, deren Bau schon Ende des 13. Jh. begonnen wurde

Die ehemalige Wallfahrtskirche in Gottsbüren ist auch heute noch ein Anziehungspunkt. Im Mittelalter war sie weitbekanntes Ziel vieler Wallfahrten - nach dem Fund einer blutenden Hostie im Jahre 1330. Viele Brautpaare feiern in dieser Kirche ihre „Traumhochzeit"

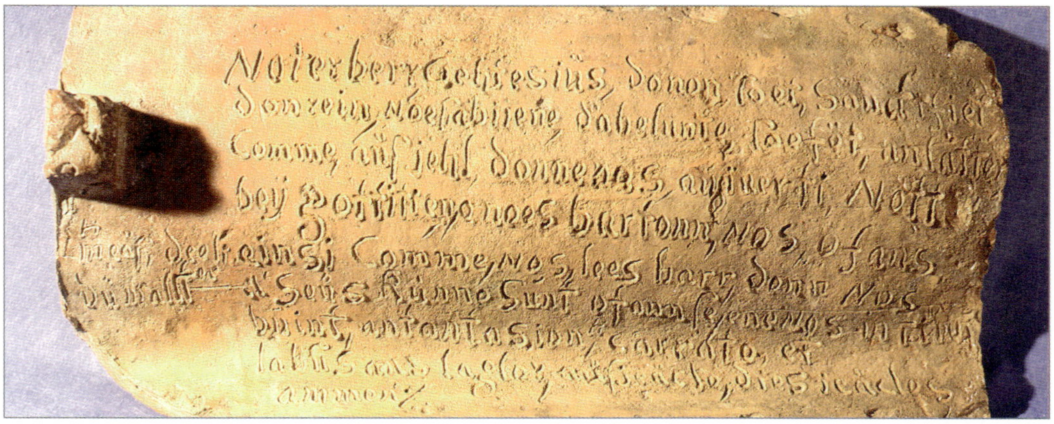

■ Die ehemalige Benediktinerinnen-Klosterkirche in Lippoldsberg, entstanden um 1150, gehört zu den bedeutendsten romanischen Bauwerken in Hessen. Sie wurde im Jahr 2003 als „Baudenkmal von nationaler Bedeutung" anerkannt ■ Ausschnitt aus dem frühgotischen Flügelaltar in der Altstädter Kirche in Hofgeismar ■ Das Vaterunser auf französich, eingeritzt in eine alte Dachziegel von Mariendorf ■ Kreuzigungsbild auf einem Feld der Holzkanzel in der evangelischen Kirche in Vaake. Es ist eines von zehn Bildern, die nach 1920 von Karl Lotze gemalt wurden ■ Christophorus, Fresko in der Wallfahrtskirche Gottsbüren. Die Fresken dieser Kirche entstanden im 14. und 15. Jh. ■ Erschaffung Evas. Wandmalerei von 1560 in der Kirche in Deisel. Sie ist die einzige in protestantischer Zeit voll ausgemalte Kirche Nordhessens ■ Abendmahlskelch aus dem 12. Jh. in der Altstädter Kirche Hofgeismar

Blick über den Kirchturm
der Wolfhager Stadtkirche hinweg

Kirchenkreis Wolfhagen

Tagsüber ist es ruhig in den Dörfern rund um Wolfhagen. Die ehemals die Region beherrschende Landwirtschaft wird nur noch vereinzelt betrieben. Arbeit findet sich für viele nicht mehr direkt vor der Tür, sondern erfordert Fahrten nach Kassel, Korbach oder sogar noch weiter weg. Das wirtschaftliche Zauberwort Tourismus kann trotz der idyllisch gelegenen Orte in reizvoller Landschaft, in der sich Felder, Auen und bewaldete Hügel abwechseln, die weggefallenen Arbeitsplätze in der Landwirtschaft nicht ersetzen. "Das Wolfhager Land ist nischt wie Gegend" beschreiben die Einwohner ihre Region liebevoll ironisch.

Die rund 30.000 Gemeindeglieder im Kirchenkreis Wolfhagen sind stolz auf ihre Wohnorte und ihre Geschichte. Anspruchsvolles, ja fast schon professioniell zu nennendes Engagement wie die Theateraufführungen in Niederelsungen oder selbstorganisierte Ausstellungen zu Jahrhundert-Jubiläen sind ein Beweis dafür. Der Kirche im Dorf kommt in dieser Situation eine besondere Bedeutung zu. Sie ist nicht nur sichtbar der in Stein gehauene Mittelpunkt, sondern sie prägt das Zusammenleben und Zusammengehörigkeitsgefühl der Einwohnerinnen und Einwohner. Da es in vielen Orten kein Geschäft, keine Post und auch keine Gastwirtschaft mehr gibt, bietet die Kirche mit ihren Angeboten den Raum und die Chance, Gemeinschaft zu erleben. Viele Gemeindeglieder engagieren sich ehrenamtlich in der Kinder- und Jugendarbeit, in den Chören und in der Diakonie.

Einen Fluß oder See sucht man im Wolfhager Land zwar vergeblich, trotzdem paddeln die Kinder und Jugendlichen regelmäßig mit Kanus und Kajaks auf der Diemel, der Eder und dem Twistesee, die an der Grenze zum Kirchenkreis liegen. Der erlebnispädagogische Ansatz führt die jungen Gemeindeglieder auch bei rund 50 Prozent ihrer Freizeiten aufs Wasser. Skifahrten und Familienfreizeiten ergänzen das Angebot. Neben den regelmäßigen Jungschargruppen in den einzelnen Gemeinden zeigt sich die auch zahlenmäßig ausgeprägte ehrenamtliche Mitarbeit einmal im Jahr beim Kreisjungschartag, bei dem rund 60 Mitarbeiterinnen und Mitarbeiter mit ungefähr 150 Jungscharkindern den Tag zum gemeinsamen Erlebnis werden lassen. In Zierenberg, Wolfhagen, Volkmarsen, Balhorn und Dörnberg stehen für die Jugendarbeit eigene Räume zur Verfügung, die täglich besucht werden. In den meisten anderen Orten können die Gemeinderäume mit genutzt werden.

Wolfhager Land

Kinder- und Konfirmandengruppen, Kirchenvorstände und Frauenkreise sind im Evangelischen Freizeitheim Elbenberg gern gesehene Gäste. Das Tagungshaus mit gut ausgestatteten Zimmern, kleinen und großen Gemeinschaftsräumen und einer Kapelle für Andachten und Gottesdienste bietet vielen Gemeindegruppen aus nah und fern die Möglichkeit, ihre Veranstaltungen individuell zu gestalten.

In den 31 Städten und Dörfern des Kirchenkreises Wolfhagen unterstützen 13 Kirchenchöre, ein überregionaler Chor der Kreiskantorei Wolfhagen und 15 Posaunenchöre die musikalische Gestaltung der Gottesdienste.

Kapelle des Evangelischen Freizeitheimes
in Elbenberg

Unter Nachwuchssorgen leiden die Bläser nicht. Sieben Kinder- und Jugendchöre treffen sich regelmäßig, einer der Chöre hat sich der neuen Ten Sing Musik verschrieben. Regelmäßige Orgelkonzerte in Zierenberg, Volkmarsen, Balhorn und Wolfhagen und auch vereinzelt in weiteren Dörfern ziehen Gäste auch aus weiterer Entfernung in die Kirchen.

Besuchsdienste für Alte, Einsame, Behinderte und Pflegebedürftige und Gesprächs- und Gruppenangebote für jung und alt bilden die Basis der diakonischen Arbeit im Kirchenkreis Wolfhagen. Anfang der 90er Jahre führte der Kirchenkreis in den Gemeinden eine Umfrage durch, um den Bedarf an diakonischen Leistungen zu ermitteln, denn große diakonische Einrichtungen sucht man im Wolfhager Land vergebens. Die Auswertung der Befragung zeig-

Evangelische Kirche in Sand

Posaunenchor Wolfhagen

Klosterkirche in Merxhausen

te den massiven Wunsch der Dorf- und Stadtbewohner nach diakonischer Unterstützung. Das Diakonische Werk im Kirchenkreis Wolfhagen baute mit einem kleinen Teil bezahlter Mitarbeiterinnen und mit vielen Ehrenamtlichen verschiedene Arbeitsgebiete auf. Ein Sorgentelefon ist jede Nacht besetzt, um Menschen bei Problemen mit Rat und Hilfe zur Seite zu stehen. Der Sozialpflegedienst Wolfhagen e.V. betreut in Zusammenarbeit mit dem Diakonischen Werk alte, kranke und verwirrte Menschen. Häusliche Krankenpflege, Hauswirtschaftliche Versorgung, Pflegekurse und seelsorgerischer Beistand gehören zum Angebot. Der Wunsch vieler Schwerkranker und Sterbender, die letzte Zeit ihres Lebens zu Hause in vertrauter Umgebung verbringen zu dürfen, führte zum Aufbau eines Hospizdienstes.

Ein Pfarrer spielt Theater?! Bei den Aufführungen der Freilichtbühne „Klosterspiele Merxhausen" gehen Einwohner der umliegenden Orte gemeinsam mit Patienten des Psychiatrischen Krankenhauses und Behinderten der Heilpädagogischen Einrichtung auf die Bühne. Im Park des ehemaligen Augustinerklosters - das seit 1533 als Krankenhaus dient - befindet sich auch die alte Klosterkirche, in der nach wie vor regelmäßig Gottesdienste stattfinden.

In den Dörfern und Städten des Kirchenkreises Wolfhagen zeigt sich, daß lebendige Kirche das Miteinander von Christinnen und Christen ist. Menschen in unterschiedlichen Lebenssituationen engagieren sich ehrenamtlich, um mit anderen Gemeinschaft zu erleben, Kindern und Jugendlichen eine sinnvolle Freizeitgestaltung zu ermöglichen und Hilfebedürftige mit ihren Sorgen und Nöten nicht allein zu lassen. Die Gemeindeglieder im Wolfhager Land sehen und erleben ihre Kirche mitten im Dorf.

Freilichtbühne im Kloster Merxhausen

Christiane Decker

Blick auf Zierenberg vor dem Hohen Dörnberg

Evangelische Kirche in Ehringen

Kirchen Kunst Kultur

■ Konzert des Posaunenchores in der Evangelischen Stadtkirche Wolfhagen
■ Kirchenfenster von 1961 in der evangelischen Stadtkirche Wolfhagen. Ausschnitt: Fischzug und Berufung der Jünger Jesu
■ Blick auf Marktplatz und Evangelische Stadtkirche Wolfhagen. Bereits kurz nach Stadtgründung 1226 wurde mit dem Bau der Kirche St. Anna begonnen. 1350 war der Bau vollendet. Auch heute noch überragt die Kirche alle Bauten der Stadt.
■ Blick auf Naumburg: eine katholische Region mitten im Kirchenkreis

Evangelische Kirche in Balhorn. Die ehemals reiche Dorfgemeinde baute 1894 die stilistisch eigenwillige Kirche

Das steinerne Türsturzrelief (Tympanon) in Altenhasungen gehört zu den ältesten christlichen Zeugnissen im Wolfhager Land, 12. Jh.

Evangelische Stadtkirche Zierenberg aus dem Jahre 1293. Im Innern reiche Wand- und Deckenmalerei aus dem 14. und 15. Jh. Dazu gehört auch die Darstellung des Heiligen St. Martin (Bild darunter)

Evangelische Kirche in Wettesingen, direkt an der westfälischen Grenze gelegen. Der Wehrturm entstand schon vor 1100. Die Kirche wurde in der ersten Hälfte des 12. Jhs. erbaut

Modernes Kirchenfenster in der Evangelischen Kirche Istha

Evangelische Kirche in Nothfelden

Kreuzrippengewölbe in der reich ausgemalten Evangelischen Kirche Dörnberg

Kirche zwischen nordhessischen Bergen

Gethsemane-Kirche in Baunatal

Kirchenfest des Kirchenbezirks Vellmar im Ahnepark

Titelbild: Blick von Vellmar auf Rothwesten

Oberkaufungen mit Blick auf die Stiftskirche

Evangelische Kirche Fürstenhagen

Kassel-Land

Zwischen den Langenbergen im Süden, dem Habichtswald in der Mitte und dem Reinhardswald im Norden erstreckt sich der Kirchenkreis Kassel-Land. Alte Fachwerkdörfer, die neuen Städte Baunatal und Vellmar, Burgruinen, Museen, zahlreiche sehenswerte alte und neue Kirchen erzählen aus der wechselvollen Geschichte.

VW-Werk in Baunatal

Wirtschaftliche „Hauptstadt" ist Baunatal mit seinem großen VW-Werk. Die Stadt entstand durch den Zusammenschluss der ehemals bäuerlich geprägten, selbständigen Gemeinden Altenbauna, Altenritte, Kirchbauna, Großenritte, Hertingshausen, Rengershausen und Guntershausen. Die Ansiedlung der Henschelwerke 1936 in Altenbauna und die Produktion von Flugzeugmotoren machten das Gebiet während des 2. Weltkrieges zum Ziel amerikanischer Bombenangriffe. Die Ansiedlung des VW-Werkes auf dem ehemaligen Henschelgelände brachte 1957 die Wende und für Baunatal eine tiefgreifende soziale und kulturelle Umstrukturierung. Im VW-Werk sind heute ca. 16.000 Menschen im Getriebebau und im zentralen Ersatzteillager tätig.

Evangelische Kirche in Altenbauna

Der Umbruch vom Dorf zur Stadt mit heute über 27.000 Einwohnern bedeutete auch für die Kirchengemeinden eine große Herausforderung. Der Stadtteil Altenbauna wurde neues Zentrum. Allein die kleine Kirche erinnert an vergangene dörfliche Zeiten. Im Neubaugebiet „Leiselfeld" hatte die Kirche die Chance, mit einem Kirchenneubau selbst gestaltend ins Stadtbild einzugreifen. Im Umfeld der von VW geprägten Stadt wirkt die Gethsemane-Kirche wie ein Teil der Industrielandschaft.

Die Baunataler Werkstätten e.V. sind als diakonische Einrichtung ein Ort zum Leben für über 1.000 geistig und körperlich behinderte Menschen. In der Hauptwerkstatt werden behindertengerechte Arbeitsplätze in Bereichen von Industriemontage bis Recycling angeboten.

Evangelische Kirche in Altenritte

In Altenritte repräsentiert die 1908 geweihte Heilandskirche die typische Architektur einer hessischen Dorfkirche. Der Innenraum wird von ornamentaler Bauernmalerei im Jugendstil geziert. Eine Besonderheit stellt das in reformierter Tradition nicht übliche Vorhandensein eines Altarbildes dar, das die Auferweckung der Tochter des Jairus zeigt.

Die Kirchengemeinde Großenritte ist die größte evangelische Gemeinde in der „Jungen modernen Stadt im Grünen". Großenritte ist ein beliebtes Wohngebiet. Zum kirchlichen Arbeitsbereich gehört die Betreuung des Altenpflegeheims Gertrudenstift, eine Einrichtung der Selbständigen Evangelischen Lutherischen Kirche in Deutschland. Partnerschafts- und Patenbeziehungen gibt es nach Äthiopien, und die seit 1983 bestehende Partnerschaft nach Weißenfels hat die „Wende" überstanden.

Die im Jahre 1512 errichtete Kreuzkirche steht auf einem Tuffsteinfelsen und bildet als Wahrzeichen den weithin sichtbaren Mittelpunkt der Gemeinde. Ihre architektonischen Merkmale wie Wehrturm mit vier Seitentürmchen und Wehrbrüstung rings um den Kirchhof verweisen auf den Verteidigungscharakter vieler Kirchen des 16. Jahrhunderts.

Marie-Behre-Heim in Guntershausen

Guntershausen wurde berühmt wegen seines Bahnhofs und des Marie-Behre-Heims. Um die großen Handels- und Messezentren Leipzig und Frankfurt/Main zu verbinden, wurde Mitte des 19. Jahrhunderts das kleine, 200 Seelen zählende Dorf Guntershausen Eisenbahnknotenpunkt. Bis zu 8.000 Menschen arbeiteten 1846 an der Eisenbahnbrücke über die Fulda. Im Bahnhof, erbaut im klassizistisch-romantischen Stil, konnte der „Bürger von Welt" im kurfürstlichen Wartezimmer sich die Zeit vertreiben. Kam der Anschlusszug erst am nächsten Tag, übernachtete man fürstlich im Hotel Bellevue. 1899 wird aus dem Hotel Bellevue das „Marienheim", erworben vom Hessischen Diakonissenhaus. Diakonisse Marie Behre, erste Oberin, bestimmt das Haus als Heim für erziehungsschwierige Mädchen. Im Ersten Weltkrieg dient das „Marie-Behre-Heim" als Lazarett, danach wird es umgestaltet zum Feierabendhaus für Diakonissen. 1947 hat für kurze Zeit die Evangelische Akademie der Landeskirche hier ihr Zuhause. Heute dient das Heim als Altenwohn- und Pflegeheim. - Eine gute Tradition hat in Guntershausen das Missionsfest, das auf dem Gelände des Marie-Behre-Heims mit Besuchern aus der gesamten Region und Gästen aus den Partnerkirchen gefeiert wird.

Hertingshausen gehört zu den kleinsten Gemeinden Baunatals. In der Mitte des Dorfes erzählen alte Eichen vom Gericht, das einst hier abgehalten wurde, und vom Brunnenfest, das heute dort gefeiert wird. - Die Wehrkirche in Kirchbauna findet bereits 1123 Erwähnung. Die heutige Kirche wurde 1773 erbaut. Sehenswert ist der Christuskopf aus der ursprünglichen Kirche, angebracht in der westlichen Außenwand.

Nahe dem Dorf Rengershausen steht die Brauerei Knallhütte. In der guten alten Zeit, als die Fuhrleute mit ihren schweren Pferdewagen vor dem Knallhütter Berg ankamen, brauchten sie zu dessen Überwindung Vorspannhilfe. Die Märchenfrau Dorothea Viehmann wurde 1755 in der Knallhütte geboren und in der Kirche zu Rengershausen getauft. In der Gaststube hörte sie Geschichten, Sagen und Märchen, die die „Viehmännin" später den Brüdern Grimm erzählte. - „Märchenhaft" geht es ebenfalls zu in der Gemeinde Schauenburg, die 1972 durch den Zusammenschluss von Breitenbach, Elgershausen, Elmshagen, Hoof und Martinhagen entstand. Direkt an der Märchenstraße liegt der Ortsteil Breitenbach. In der Feuerwache wurde zu Ehren des Wachtmeisters Johann Friedrich Krause eine „Märchenwache" eingerichtet. Dragonerwachtmeister Krause erzählte den Brüdern Grimm im Tausch gegen abgelegte Beinkleider Märchen, Schwänke und Anekdoten.

Die alte romanische Kirche von Hoof aus dem 12. Jahrhundert wurde 1891 durch einen Bau im Stil der Neugotik ersetzt. - In Breitenbach zeugt der Kirchenbau vom Stil der Renaissance, obwohl das Kirchenschiff aus dem 13. Jahrhundert datiert. - Von wehrhaften Zeiten erzählt auch der gotische Wehrturm in Martinhagen, ältestes Bauwerk des kleinen Dorfes. - Die kleine Kirche von Elmshagen ist romanischen Ursprungs. Interessant im Chorraum die gotische Sakramentsnische, die durch eine Verzierung, die man als „Eselsrückenprofil" bezeichnet, hervorgehoben wird. Elmshagen wird pfarramtlich von Hoof betreut. Ein Weg zwischen den beiden Orten heißt bis heute „Pfaffenstieg".

Kirche und Pfarrhaus in Elgershausen

Elgershausen ist bekannt als singende Gemeinde. Kindersingwochen gehören zum festen Repertoire der Gemeinde, ebenso die Liebe zu Taizé-Gesängen. Regelmäßig trifft man sich im Dachgeschoss des Landgraf-Moritz-Hauses zu Gebet und gemeinschaftlichem Musizieren. Kirche, Gemeindehaus und Pfarrhaus bilden im Dorf eine harmonische Einheit. - Erwähnt werden muss besonders der Kumba-Freundeskreis. Mehr als 600.000 Mark hat der Freundeskreis in 25 Jahren für die Ausbildung von Schülern in Kamerun gespendet. Die Patenschaften werden im Rahmen der „Ausbildungshilfe für junge Christen in Asien und Afrika" gepflegt und durch gegenseitige Besuche unterstützt.

Ökumenisches Gemeindezentrum
am Kammerberg in Weimar

Der Weg nach Schloß Wilhelmsthal führt an Heckershausen vorbei. Am Rande des Dorfes findet man die Bundeszentrale des Weißen Kreuzes. Der Kammerberg, ein großes Neubaugebiet, wurde bekannt durch sein neuerbautes ökumenisches Zentrum. Weimar lohnt einen Besuch wegen seiner sehenswerten Kirche von 1507. Eine aktive Gruppe innerhalb der Kirchengemeinde sind die Landeskirchliche Gemeinschaft und die EC-Jugendarbeit.

Am Nordrand des Kasseler Beckens liegt Vellmar. Innerhalb von 20 Jahren sind die vier Stadtteile Ober- und Niedervellmar, Frommershausen und Vellmar-West zu einer Stadt mit 19.000 Einwohnern zusammengewachsen. Mit der jüngsten Kirchengemeinde Vellmar-Mitte bilden diese fünf Gemeinden einen Kirchenbezirk. Die gemeinsame Aktivität des Kirchenbezirks zeigt sich vor allem im Kirchenfest, das im viel besuchten Ahnepark gefeiert wird, und in der Vellmarer Kantorei.

Seit fast 30 Jahren begleitet der Posaunenchor Niedervellmar das kirchliche Leben der Gemeinde. Der Chor hat heute über 120 Mitglieder. Seit einigen Jahren gibt es auch einen Gospelchor. Zuhause sind die Chöre und das vielfältige kirchliche Angebot in der Adventskirche, die 1959 eingeweiht wurde. Lichtquelle des größten Kirchenraums in Vellmar ist das große Seitenfenster, in dem als biblisches Urbild der Gemeinde die Herde der Schafe dargestellt ist.

Kirche in Frommershausen

Frommershausen ist so etwas wie ein Flickenteppich aus altem Dorfkern und Neubaugebieten. Mitten im alten Dorfkern steht die Kirche mit romanischem Turm. Unweit davon entstand 1974 das Gemeindezentrum, in dem auch ein Teil der Jugendarbeit des Kirchenbezirks stattfindet. Vellmar-West und -Mitte sind die Gemeinden in reinen Neubaugebieten. Beide haben ein Kirchenzentrum, in dem sich „Kirche unter einem Dach" versammelt. In beiden Häusern gibt es vor allem auch Angebote für junge Familien.

In Ihringshausen steht die Kirche an erhöhter Stelle. Das war nicht immer so. 1943 wurde die 1738 erbaute Kirche bei Bombenangriffen erheblich zerstört, ebenfalls der umliegende Ortskern. Die Abtragung der Trümmer führte zu der exponierten Kirchenlage mitten im Dorf an vielbefahrener Bundesstraße 3. Die Kirche und der Gemeindehausanbau bilden ein Begegnungszentrum mit vielfältigem Angebot: neue Gottesdienstformen, Konzerte, Kulturveranstaltungen.

Kirche in Ihringshausen

Wer mag, macht einen Abstecher nach Simmershausen und lässt sich erzählen von Partnerschaft zur russischen Stadt Jaroslawl. In Rothwesten erinnern Kirche und Kaserne an vielleicht verbrachte Zeit als Bundeswehrsoldat und den Besuch des Gottesdienstes. Wahnhausen hat nun gar nichts mit seinem Namen gemein. Von hochgelegener Kirche genießt der Wanderer einen herrlichen Blick über das Fuldatal.

Reinhard Heubner

Kirche für jung und alt - nicht nur sonntags

■ Kirchenfenster mit der Taube als Symbol des Heiligen Geistes in Altenbauna, Zentrum der neuen Stadt Baunatal ■ Altes Dorf und neue Stadt begegnen sich in Altenritte. Die Kirche steht in der Ortsmitte, das Bild des segnenden Christus und Kinderfreundes prägt den Altar ■ Der Weg nach Schloß Wilhelmsthal führt an Heckershausen vorbei, dessen Kirche von Fenstern bestimmt wird, die 1946 von der Glashütte Süßmuth in Immenhausen hergestellt wurden ■ Erinnerungsskulptur an Diakonisse Schwester Selma Becker. Aus Dankbarkeit für ihren unermüdlichen Dienst an Kranken und Betagten wurde sie zur Ehrenbürgerin von der Stadt Vellmar ernannt ■ Die evangelische Kirche in Großenritte, Anfang 16. Jh., ist mit ihrer kegelförmigen Turmhaube und den Ecktürmchen weithin sichtbar. Die ältesten Teile der Kirche stammen aus dem Anfang des 16. Jh. Die ehemalige Turmhalle ist heute Altarraum ■ Modern gestalteter Altarraum der Gethsemane-Kirche in Baunatal ■ Die evangelische Kirche in Rengershausen ist ein klassizistischer Saalbau mit Fachwerktürmchen, erbaut in den Jahren nach 1800

■ Die Vellmarer Kantorei erfreut mit ihrem Gesang in den Gottesdiensten der Vellmarer Kirchen und ihren Konzerten nicht nur die Gemeinden des Kirchenbezirks Vellmar. Sie ist auch gern gesehener Gast in der Region ■ Kinderarbeit wird in Elgershausen groß geschrieben. Kindersingwochen gehören zum festen Repertoire der Gemeinde ■ Ruhepause in der Seniorenwerkstatt im Baunataler Leiselfeld. Erlernte Fertigkeiten werden im Kirchenzentrum weitergepflegt ■ Familiengottesdienst am Erntedankfest im Kirchenzentrum Vellmar-Mitte, das 1989 eingeweiht wurde. Vellmar-Mitte ist die jüngste der fünf Vellmarer Kirchengemeinden ■ Mutter-Kind-Gruppe im Gemeindehaus in Simmershausen

Kirchenkreis Kaufungen

Blick über Eschenstruth ins Lossetal

In reizvoller Landschaft, eingebettet im Tal der Losse, umgeben von Wiesen und Wäldern, den sanft ansteigenden Hügeln des Kaufunger Waldes und der Söhre, direkt vor den Toren Kassels, liegt die Gemeinde Kaufungen. Sie hat 12.000 Einwohner und ist Mittelpunkt des gleichnamigen Kirchenkreises. Liebevoll erhaltenes Fachwerk und historische Baudenkmäler sind Zeugen einer weit zurückreichenden Geschichte der Stadt. 1011 wird Kaufungen unter dem Namen „Confunga" erstmals erwähnt. Hier gründeten Kaiser Heinrich II. und seine Gemahlin Kunigunde ein Benediktinerinnenkloster, in das Kunigunde nach dem Tode ihres Mannes eintrat. Hier lebte sie bis zu ihrem Tod 1033.

Kaiserin Kunigunde

Von den Klosteranlagen sind im heutigen Stiftsareal im Ortsteil Oberkaufungen nur noch das ehemalige Dormitorium und die St. Georgskapelle erhalten und der weithin das Lossetal überragende Bau der Klosterkirche zum Heiligen Kreuz, die heutige Stiftskirche. Sie ist das bedeutendste spätgotische Bauwerk im nördlichen Hessen.

Im Inneren der Kirche bilden gut erhaltene Fresken aus dem 15. Jahrhundert sowie das mächtige Westwerk mit der Kaiserempore ein stimmungsvolles Ambiente für die „Kaufunger Konzerte". Seit 1974 musizieren hier namhafte Orchester, Chöre und Solisten.

Stiftskirche Kaufungen

Das Kloster selbst wurde 1527 im Zuge der Reformation aufgelöst und der hessischen Ritterschaft zu Versorgungszwecken übergeben. Diese Stiftung dient bis heute karitativen Versorgungszwecken. Außerdem obliegt ihr die Erhaltung der historischen Gebäude.

Neben den klassischen und reichhaltigen Angeboten der Kirchengemeinden sind vor allem zu erwähnen die Partnerschaften mit der Moravian Church des Border Districts in Südafrika, die besonders von der Kirchengemeinde Helsa gepflegt werden. Und die „Brücke nach Bosnien", die Niederkaufungen aufgebaut hat. Hier hat auch der Umweltbeauftragte der Landeskirche seinen Sitz.

Helsa ist ein staatlich anerkannter Luftkurort. Der Wald reicht in dem schönen Fachwerkdorf gleichsam bis an die Haustür. Malerische Fachwerkhäuser aus vier Jahrhunderten dominieren den denkmalgeschützten Ortskern. Helsa wurde als erstes Dorf Hessens 1975 insgesamt unter Denkmalschutz gestellt. Die Pfarrkirche inmitten des alten Wehrkirchhofes stammt aus dem 16. Jahrhundert, der Turmunterbau ist wesentlich älter.

Eschenstruth glänzt mit einer einschiffigen Kirche mit romanischem Kern und rechteckigem Westturm. Im Inneren bewundert man neben modernen auch spätgotische Glasmalereien aus dem 15. Jahrhundert.

St. Ottilien - durch seinen einfachen Grundriss an einer Achse orientiert - ist deutlich als Hugenottendorf zu erkennen. 1699 fanden in St. Ottilien als französischer Kolonie 14 Familien eine neue Heimat. Die Kirche, ein Fachwerkbau, wurde 1727 errichtet und diente ebenfalls als Schule.

Wickenrode ist seit 1985 selbstständige Pfarrstelle. Der Ort, eingebettet in den Kaufunger Wald, ist bis heute geprägt vom Braunkohlebergbau am Hirschberg.

Evangelische Kirche in Eschenstruth

Die Geschichte Lohfeldens beginnt mit klösterlichen Beziehungen. Im Jahr 1019 schenkte Kaiser Heinrich II. dem Kloster Kaufungen das Dorf Vollmarshusen, 83 Jahre später übergab Werner III., Vogt des Klosters, der Äbtissin Dimuda eine Hufe Land in Oggosenshusen und zwei Hufe Land im Crumbelbach. Crumbach, Vollmarshausen und Ochshausen wurden erwähnt und vereinigten sich 700 Jahre später zur Großgemeinde Lohfelden. Auch kirchlich bestand zwischen den Dörfern am wichtigen Verkehrsweg, dem Spangenberger Pfad, eine Einheit. Erst durch das Anwachsen auf 14.000 Einwohner entstanden in den Ortsteilen eigene Pfarrstellen.

Vollmarshausen wirbt gelegentlich mit einem Kirchencafé im Bauwagen und Ochshausen mit „Literatur im Turm". Die Empore der Kirche bietet ein stimmungsvolles Ambiente, das konzentriertem Hören und intensiven Gesprächen Raum gibt.

Evangelische Kirche in Heiligenrode

Niestetal, eine „Gemeinde mit Freizeitwert", besteht aus den Ortsteilen und Kirchengemeinden Heiligenrode und Sandershausen. Jahrhundertelang prägten landwirtschaftliche Betriebe das dörfliche Leben. Das ist heute nur noch Geschichte. Niestetal wurde zum Vorort von Kassel und bevorzugtes Wohngebiet für Pendler. Für den Nachwuchs bietet die Gemeinde derzeit vier Kindergärten, zwei mit Ganztagsbetreuung. Hinzu kommen die Jugendräume „Come In" im Verwaltungszentrum. Die musikalischen und kulturellen Angebote der Kirchengemeinde haben über die Region hinaus ein dankbares Publikum gefunden. Alte und kranke Menschen werden von der Sozialstation und den Gemeindeschwestern der Diakoniestation versorgt.

Blick auf Wickenrode in einem Tal des Kaufunger Waldes

Im äußersten Südosten des Kirchenkreises Kaufungen liegen inmitten der Söhre die Kirchengemeinden Wellerode, Eiterhagen und Wattenbach, politisch „Söhrewald" genannt. Es waren arme Gemeinden. Die Felder boten ein karges Auskommen, der Wald Holz, Beeren und Pilze, aber kein Jagdrecht. Im 13. und 14. Jahrhundert gegründet, unterstanden die Gemeinden dem Amt Oberkaufungen. Erst der Bau der Söhrebahn 1911 brachte die Wende und bescheidenen Wohlstand. Die heimischen Basalt- und Braunkohlevorkommen konnten besser erschlossen und genutzt werden. Aus Wattenbach wurde ein Bergmannsdorf, dessen Tradition bis heute gepflegt wird.

Wellerode hat eine wechselvolle Kirchengeschichte. Zuerst gehörte es zu Crumbach, dann zu Vollmarshausen und seit 1954 ist es eigenes Kirchspiel. Zunächst genügte dem Ort eine Kapelle. 1902 wurde das neue Gotteshaus eingeweiht. Ein Drittel der Kosten übernahm Seine Majestät der Kaiser als „Allerhöchstes Gnadengeschenk".

Die evangelische Kirchengemeinde Eiterhagen lädt traditionell die älteren Herren der Gemeinde zu einem Dämmerschoppen ein. Eine Jugend-Disco wird während der Gemeindewoche angeboten.

Im Jahre 1782 wurde die Wattenbacher Kirche grundlegend erneuert. 200 Jahre später wird das als Theaterstück „Die weiße Rübe von Wattenbach" wieder lebendig. Aus Not zur Sparsamkeit getrieben, beköstigten Wattenbacher die zum Bau der Kirche aus Kassel bestellten Handwerker reihum im Dorf. Als aber bei jeder Familie nur weiße Rüben auf den Tisch kommen, rächen sich die Handwerker mit einem „Rübenstein", den sie in die Kirchenmauer einsetzen.

Jedes für sich ein stattliches Dorf mit eigener Geschichte, seinen unverwechselbaren Häuserzeilen und der eigenen Mundart - alle zusammen, Bergshausen, Dörnhagen, Dennhausen und Dittershausen bilden die Großgemeinde Fuldabrück mit dem Kirchspiel Bergshausen im Kirchenkreis Kaufungen und den Kirchspielen Fuldabrück und Dörnhagen im Kirchenkreis Melsungen. Politisch gehört Fuldabrück zum Landkreis Kassel.

Bergshausen mit Autobahnbrücke

Erste Erwähnung erhält Bergshausen im 13. Jahrhundert durch eine landgräfliche Urkunde für das Kloster Breitenau, in der ein Ludwig von Bergshausen als Zeuge aufgeführt wird. Heute wird Bergshausen durch eine 700 Meter lange und 60 Meter hohe Autobahnbrücke, ein Industriegebiet und wie von alters her durch die Fulda eingegrenzt. Die 1714 erbaute Kirche ist gemeinsam mit dem Freudensteinschen Fischerhäuschen direkt an der Fulda das älteste noch erhaltene Gebäude des Ortes. Das Kirchenportal mit der Hausnummer 16: seit Jahrhunderten Tor zu Einkehr und Besinnung.

Reinhard Heubner

Alte Kirchen ...

■ Die Kirche in Wattenbach stammt aus dem 18. Jh. Ihr spätgotischer Westturm bekam 1791 einen Haubenhelm ■ Wie eine feste Burg thront die Kirche in Vollmarshausen über dem Ort. Die ehemalige Kirchhofsummauerung wird für eine plakative Botschaft genutzt ■ Helsa ist Luftkurort, an der vielbefahrenen Bundesstraße 7, Kassel - Eisenach, gelegen. Die Kirche inmitten eines alten Wehrkirchhofs stammt aus dem 16. Jh. ■ Die Kirche in Wellerode wurde 1902 eingeweiht. Ein Drittel der Kosten übernahm seine Majestät, der Kaiser höchst persönlich

neues Leben

■ Fresko in der Stiftskirche Kaufungen: Ritt und Anbetung der Heiligen Drei Könige (nach 1422) ■ Die spätgotische Glasmalerei in der evangelischen Kirche in Eschenstruth (15. Jh.) zeigt die Maria mit dem Kind ■ Umzug vor Kirche und Schule bei der 300-Jahrfeier in St. Ottilien. 1699 fanden hier 14 französische Familien, Hugenotten, eine neue Heimat ■ Kindergottesdienst in St. Ottilien. Die Kirche von 1727 - siehe Bild von dem Umzug - diente auch als Schule

Blick vom Hohen Meißner über das Meißnervorland

Musiktherapie in Lichtenau, dem Rehabilitations

Kirschblüte im Werratal: Blick über Wendershausen zur Burg Ludwigstein

Land zwischen Werra und Meißner

er Diakonie e.V.

Modernes Deckengemälde in der evangelischen Kirche Reichensachsen

Grenzen trennen; sie zu überschreiten, bereichert. Mehr als 40 Jahre der jüngsten Vergangenheit, bis zum 9. November 1989, haben die Menschen zwischen Werra und Meißner in den Kirchenkreisen Eschwege und Witzenhausen ihre Grenzlage als trennend erlebt. Man lebte im Schatten des Eisernen Vorhangs - an der Grenze zwischen West und Ost. 40 Jahre waren über Jahrhunderte gewachsene Lebensnerven, Verkehrsverbindungen, Kontakte zwischen Menschen in Hessen und Thüringen nur mit Mühen zu überwinden. Und wenn, dann fast nur in eine Richtung - von West nach Ost.

Ehemalige DDR-Grenzmarkierung
an der Werra bei Wahlhausen

Heute, ein Dutzend Jahre nach dem Fall der Grenzanlagen, bedarf es oft schon genaueren Hinsehens, um den Verlauf der Staatsgrenze West der ehemaligen DDR auszumachen. Doch die Erinnerung bleibt, und sie wird kultiviert - bisweilen unscheinbar: so an der Bundesstraße 27 zwischen Oberrieden und Bad Sooden-Allendorf, auf einem Parkplatz. Von dort konnte man noch in den späten 60er Jahren über die Werra hinweg die Propaganda des SED-Staats sehen. Später diente der Platz zahlreichen Besuchern dazu, das Grenzsystem der DDR eingehend zu studieren. Im Jahr 1982 errichtete der Kirchenkreis Witzenhausen einen Bildstock, geschaffen vom Kasseler Künstler Hermann Pohl. Der Gedenkstein trägt das Bildnis der Heiligen Elisabeth und als Schriftzug die Anfangsverse des Gebets, das Franz von Assisi zugeschrieben wurde: „Herr, mache mich zum Werkzeug deines Friedens, dass ich Liebe übe, wo man sich hasst.“

Elisabethstein nahe
Oberrieden an der B 27

Bad Sooden-Allendorf

Grenzüberschreitung. Beginnen wir im Tal der Werra. Einst wichtiger Handelsweg unter anderem für Salz aus der Soleförderung Bad Soodens stellt der Fluss heute ein Eldorado für Wassersportler dar, zieht die Kirschblüte im Frühjahr in und um Witzenhausen zahlreiche Besucher an: ein weißes Meer. Die Farbe „weiß“ hat auch dem Bergmassiv den Namen gegeben, das die Landschaft überragt: den Meißner. Der 750 Meter hohe, im Winter oft schneebedeckte Bergriegel, wurde nicht von ungefähr mit dem Märchen „Frau Holle“ der Brüder Grimm in Verbindung gebracht.

Ausgangspunkt Eschwege: Den Ort schenkte im Jahr 974 als Morgengabe Kaiser Otto II. seiner Frau Theophanu, einer engen Verwandten des byzantinischen Kaisers. Eine Grenzüberschreitung der Kulturen auch hier. Wer sich von Eschwege an der Werra zum Meißner aufmacht, erreicht das 800-Seelen-Dorf Germerode, das über einen auf die Romanik zurückreichenden Kirchbau verfügt: die in der Mitte des 12. Jahrhunderts gegründete Klosterkirche des Prämonstratenserinnenordens. In den 80er Jahren des vorigen Jahrhunderts entdeckte man Kloster und Kirche als Ort der Spiritualität wieder neu. Man gründete die Gesellschaft zur Erhaltung der Klosteranlage Germerode und sicherte so die Grundlagen für die heutige Evangelische Bildungsstätte Germerode. Einen besonderen Schwerpunkt bildet hier das geistliche Leben, die Spiritualität: Einführungen in die christliche Meditation, Einkehrtage, Exerzitien. Grenzüberschreitungen auch hier: auf Pilgerwegen - anno 2000 auf den Wegen der Heiligen Elisabeth von Thüringen bis Marburg - oder bei Einkehrtagen gemeinsam mit dem Franziskanerkloster Hülfensberg im Eichsfeld, zu DDR-Zeiten im Sperrgebiet oberhalb der hessischen Stadt Wanfried gelegen.

Blick auf das winterliche Eschwege

Grenzüberschreitungen. Das gilt auch für die Reformationszeit. Im Jahr 1529 erhält der im westfälischen Warburg geborene, ehemalige Zisterziensermönch Antonius Corvinus - der Luther einen väterlichen Freund nennt - eine Pfarrstelle in Witzenhausen. Landgraf Philipp der Großmütige, der 1526 in Hessen die Reformation einführte, hatte ihn nach Witzenhausen geholt und ermöglicht ihm - heute würde man sagen - ein praxisbegleitendes Studium in Marburg. Corvinus verfasst in seiner Witzenhäuser Zeit rund 70 theologische Schriften. Seine Arbeit wird so geschätzt, dass ihn die Herzogin von Braunschweig-Lüneburg 1542 zum Reformator ihres Landes beruft. Zahlreiche Kirchenordnungen im heutigen Niedersachsen belegen seine Tätigkeit.

Die Tradition, Kontakte über die eigenen Grenzen zu pflegen, wurde in Witzenhausen weiter gepflegt: etwa am Ende des 19. Jahrhunderts, im Deutschen Kaiserreich, das seine Begehrlichkeiten gen Übersee richtete, durch eine Kolonialschule in den Räumlichkeiten des ehemaligen Wilhelmitenklosters aus dem 13. Jahrhundert. Heute im Besitz des Instituts für tropische und subtropische Landwirtschaft sind die Räumlichkeiten an die Universität Gesamthochschule Kassel vermietet. Viele Studenten und Wissenschaftler aus der südlichen Hemisphäre sind hier tätig. Der Kirchenkreis Witzenhausen pflegt seinerseits intensive Kontakte nach Kamerun. Der Kirchenkreis Eschwege steht ihm hier um nichts nach: Eine enge Partnerschaft besteht zur südindischen Kirche. Von 1993 bis 2000 war das Pfarrerehepaar Ravikumar und Hanna Niranjan in der evangelischen Kirchengemeinde Waldkappel tätig.

Bibliothek im ehemaligen
Wilhelmitenkloster,
Witzenhausen

Sonntag 12.05 Uhr. Ort des Geschehens: Das Studio von Rundfunk Meißner im ehemaligen Güterbahnhof Eschwege. „Segensreich" heißt die Sendung, in der sonntags und montags Gottesdienste aus Gemeinden rund um den Meißner ausgestrahlt werden – ebenso Magazinbeiträge aus dem Bereich der Kirche. Rundfunk Meißner zählt zu den „NKL's", den Nichtkommerziellen Lokalradios in Hessen. Und auch die Diakonie der beiden Kirchenkreise geht auf Sendung: „DRUM" (Diakonie rund um den Meißner) heißt das Infomagazin, das Aktuelles aus der Diakonie zum Thema hat, zum Beispiel die Gemeindekrankenpflege. – Eschwege und Witzenhausen – zwei Kirchenkreise, die das Engagement in den modernen Medien und die Zusammenarbeit mit ihrer weltlichen Umgebung suchen.

Open Flair Rock- und Kleinkunstfestival

Es passt gut in diesen Zusammenhang, dass die Kirche alle Jahre wieder mit einem besonderen Open-Air-Gottesdienst präsent ist – bei dem Eschweger Rock-und Kleinkunstfestival „Open Flair".

Mit rund 42.000 (Eschwege) bzw. 33.000 Mitgliedern (Witzenhausen) gehören beide Kirchenkreise zu denen mittlerer Größe im Bereich der Landeskirche. Einerseits entsprechen beide dem typischen Zuschnitt der Gemeinden in Kurhessen-Waldeck, Dörfer und Kleinstädte herrschen vor; Unterschiede sind dennoch unübersehbar: Politisch gehören die Kirchengemeinden des Kirchenkreises Witzenhausen nach der Gebietsreform allesamt zu Städten, während sich im Kirchenkreis Eschwege Städte und neu gegründete Großgemeinden die Waage halten. Beide Kirchenkreise verbindet das starke diakonische Engagement: Dazu gehört einerseits das Diakonische Werk der beiden Kirchenkreise, das so unterschiedliche Angebote wie Gemeindekrankenpflege, Müttergenesung, pädagogische Frühförderung, Erziehungs-, Jugend- und Drogenberatung, ambulante Suchthilfe und Suchtprävention, eine psychologische Beratungsstelle, ambulante Pflege, eine Beratungsstelle für Ausländer und Asylbewerber sowie soziale Stadtteilarbeit vorhält. Einen neuen Weg ist man im Ringgau gegangen: 1995 wurde hier der Verein „Freunde und Förderer der Diakonie in der Region Eschwege-Land" gegründet, dessen Arbeit der Diakoniestation des Zweckverbands Gemeindekrankenpflege Eschwege-Land zugute kommt. Heute gehören dem Freundes- und Förderkreis 41 Kirchengemeinden, sechs Kommunen und annähernd 450 Personen bzw. Familien als Mitglieder an. Ein besonderer Schwerpunkt ist ein Besuchs- und Betreuungsdienst für allein lebende Menschen, um ihnen möglichst lange das Wohnen in den eigenen vier Wänden zu ermöglichen, sowie die ambulante Hospizarbeit.

Die Diakonie ist nicht zuletzt auch ein wichtiger Arbeitgeber: In der größten Einrichtung, der Orthopädischen Klinik und dem Rehabilitationszentrum der Diakonie, Lichtenau, in Hessisch Lichtenau, sind 670 Mitarbeiterinnen und Mitarbeiter beschäftigt. Die Einrichtung, die 1949 unter einfachsten Bedingungen auf dem Gelände eines ehemaligen Arbeitsdienstlagers entstand, hat heute einen weit über die Region hinaus reichenden Ruf als orthopädische Klinik, Nachsorge- und Rehabilitationszentrum.

Lichtenau: Klinik und Reha-Zentrum

Neben der Klinik und Nachsorge kommt rund 150 körperbehinderten Jugendlichen und Erwachsenen in Lichtenau schulische, berufliche und soziale Rehabilitation zugute.

Eine Brücke zwischen großer Vergangenheit und der Gegenwart. Die Region zwischen Werra und Meissner kann auf eine bedeutende Tradition zurückschauen. Von der Heiligen Elisabeth war schon die Rede; ein halbes Jahrhundert zuvor hatte Kaiser Friedrich I. Barbarossa zumindest dreimal der im Ringgau gelegenen Boyneburg seine Aufwartung gemacht. Tatsächlich kommen die meisten Besucher in die Region, um sich an der Schönheit der Landschaft, an den Zeugen der Vergangenheit, Schlössern, Burgen, Ruinen und malerischen Ortsbildern zu erfreuen: Wanfried und Eschwege, Bad Sooden-Allendorf und Witzenhausen mögen hier als einige wenige Beispiele für andere stehen. Was wären aber die Stadtbilder ohne die Kirchen? Dabei ist gewiss zum einen an die prächtigen Kirchbauten wie etwa die Liebfrauenkirche in Witzenhausen, St. Crucis in Allendorf, sowie die Marktkirche St. Dionys in der Eschweger Altstadt und ihr Pendant in der Neustadt, St. Katharina, zu denken. Doch darüber hinaus hält das Land zwischen Werra und Meißner zahlreiche kaum entdeckte Schätze bereit: Im Bereich des Kirchenkreises Witzenhausen ist hier etwa die fast vollständig von Dachziegeln verkleidete Kirche von Dohrenbach zu nennen, die Kirche des einstigen Klosters von Reichenbach oder die Kirche von Hundelshausen: eine neogotische kleine Version eines mittelalterlichen Domes.

Klosterkirche von Reichenbach

Der Kirchenkreis Eschwege: Folgt man der Bundesstraße 7, die seit alter Zeit als Handelsweg den deutschen Westen mit Leipzig verband, findet man unweit des ehemaligen Eisernen Vorhangs unvermutet ein ungewöhnliches Kunstwerk: In der Kirche zu Lüderbach steht, nachdem er über Jahrhunderte auf dem Kirchboden verschollen war, ein spätgotischer Flügelaltar aus hessisch-thüringischer Werkstatt, der die Beweinung Christi und 16 assistierende Heiligenfiguren zeigt. Wenige Kilometer weiter erreicht man das Dorf Willershausen. Bemerkenswert ist nicht nur der dreischiffige spätgotische Hallenkirchenbau mit seinen ebenso einzig- wie eigenartig spiralförmig stabartigen Säulenverzierungen. Nur wenig außerhalb des Ortes bietet sich ein Blick, der für das geistige und geistliche Leben der Region zwischen Werra und Meißner charakteristisch ist. Eine weitere Grenzüberschreitung: In der Ferne leuchtet die Wartburg oberhalb Eisenachs. Von ihr aus prägten die Heilige Elisabeth und drei Jahrhunderte später Martin Luther mit der Übersetzung des Neuen Testaments das Leben der Kirche diesseits und jenseits der hessisch-thüringischen Grenze - bis auf den heutigen Tag.

Karl Waldeck

In und um Witzenhausen

■ Stadt und Fluß: Blick über die Werra auf die Altstadt von Witzenhausen. Im Hintergrund ist der Turm der Liebfrauenkirche zu erkennen ■ Blick in den Chorraum der Liebfrauenkirche mit der Ausstellung „Frauen machen Geschichte" ■ Ein Kleinod abseits großer Wege: die mit Ziegeln verkleidete Kirche in Dohrenbach ■ Eine Dorfkirche, geschaffen aus dem Geist der Kathedralen, zu finden in Hundelshausen

▪ Die Michaelskapelle - das Gotteshaus des Hospitals zu Witzenhausen ▪ Bad Sooden-Allendorf: Blick vom Turm der Kirche St. Crucis im Stadtteil Allendorf: Kirche, Pfarrhaus und umliegende Häuser ergeben ein eindrucksvolles Ensemble ▪ Der Turm der Allendorfer St. Crucis-Kirche ▪ Begegnung, die Grenzen überschreitet: die Partnerschaft des Kirchenkreises Witzenhausen zum Kirchenkreis in Kamerun ▪ Blick auf den Chor der zweischiffigen Hallenkirche St. Katharina in Hessisch Lichtenau ▪ Blick über Oberrieden - die Kirche ist ein frühklassizistischer Saalbau - zur Burg Ludwigstein

Impressionen aus dem

■ Gottesdienst mit Bischof Dr. Martin Hein am Eschweger Leuchtberg anlässlich des Festivals „Open Flair" ■ Blick auf den Meißner, den König der nordhessischen Berge: Im Vordergrund das Dorf Frankershausen ■ Sehenswerte barocke Ausmalung des Innenraums: die Kirche des idyllischen Dorfes Mitterrode ■ Markanter Turm: Die Kirche von Schemmern ■ Gestühl und Empore im Halbkreis, fast theatralisch angeordnet: Der Innenraum der Kirche von Küchen, ein Werk von Johann Friedrich Matthei aus den Jahren 1827/28

Kirchenkreis Eschwege

■ Moderne Kirchenarchitektur: Die Auferstehungskirche in Eschwege aus dem Jahr 1966 ■ Geist der Romanik und nordhessisches Fachwerk: Die Klosterkirche prägt das Bild von Germerode ■ Reich ausgestattetes Sterngewölbe in der dreischiffigen spätgotischen Hallenkirche: die Kirche von Willershausen, nahe der thüringischen Grenze, nicht weit von Eisenach entfernt ■ Einst Prämonstratenserinnenkloster - nun wieder zum geistlichen Leben erwacht: eine Gruppe bei Einkehrtagen in der Klosterkirche zu Germerode

Herausragendes Kunstwerk in einem unscheinbaren Gotteshaus: Der um 1500 entstandene Flügelaltar in der Kirche zu Lüderbach: Im Mittelschrein ist die Szene der Beweinung Christi zu sehen, flankiert von den zwölf Aposteln und vier weiteren Heiligenfiguren

Wandgemälde in der Liebfrauenkirche in Witzenhausen

Christus als Pantokrator. Deckengemälde im ehemaligen Wilhelmitenkloster in Witzenhausen

Maria und Elisabeth - Fresko in der Kirche von Hausen am Meißner

Kunstschätze im Land zwischen Werra und Meißner

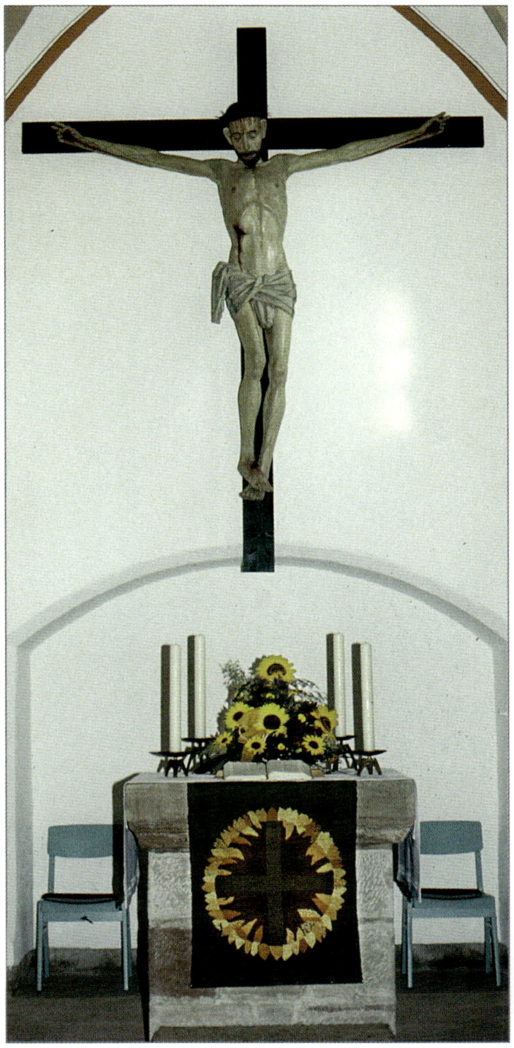

■ Eschwege, Marktkirche St. Dionys: Blick auf den reich verzierten Prospekt die Orgel des Thüringer Orgelbauers Jost Friedrich Schaeffer aus dem Jahr 1678
■ Jestädt: Die lebensgroße Holzfigur des Gekreuzigten zählt zu den bedeutendsten Renaissancefiguren Nordhessens
■ Der bedeutende Glaskünstler Jakobus Klonk (*1932) schuf im Jahr 1993 das Altarfenster in Eltmannhausen
■ „Der verlorene Sohn". Kirchenfenster in der evangelischen Stadtkirche St. Katharina in Hessisch Lichtenau, ein Werk des Künstlers Heinz Hindorf aus den Jahren 1966/67
■ Schlußstein in der Kirche von Großalmerode
■ Eschwege, Neustädter Kirche St. Katharinen: Die Reliefbüsten am Kanzelkorb - hier Maria mit dem Jesuskind - gehören zu den führenden Kunstwerken dieser Art in Hessen

Blick auf Kloster Breitenau, im Hintergrund Autobahn und Habichtswald

Kirche in Ronshausen

Kirche in Nentershausen

Titelbild: Fuldatal mit ICE-Brücke in der Nähe von Morschen

Alte Kirchen - neue Wege

Kirche in Neukirchen

Kirche in Aua

Kirchenkreis Melsungen

Schon die einstigen Landesfürsten zog es ins kurhessische Bergland. Sie schätzten die Vielfalt der Landschaft, die Schönheit und die Anmut der Städte und Dörfer im Melsunger Land. Symbolfigur der, wie die Melsunger Bürger meinen, schönsten Fachwerkstadt Nordhessens ist der Bartenwetzer. Zweimal am Tag, um 12 und 18 Uhr, erscheint er im Dachrei-

Rathaus Melsungen, Landeskirchentag

ter des 1555-56 erbauten Rathauses. Ein Rundgang um das Rathaus vermittelt einen guten Eindruck von den stattlichen Bürgerhäusern, die den Marktplatz umsäumen. Wenige Schritte sind es bis zur Fulda und der Bartenwetzer-Brücke. Generationen von Arbeitern, die zum Holzschlagen in den Stadtwald auf die andere Seite der Fulda mußten, hinterließen daran bis heute sichtbare Spuren. Sie nutzten die Sandsteinquader der Brücke, um ihre Beile und Äxte noch einmal zu „wetzen“, zu schärfen. Heute führt der Weg zum größten Arbeitgeber der Region, dem Pharmazieunternehmen B. Braun, Weltfirma und Familienbetrieb. Das neue Werk, entworfen von dem englischen Architekten Sterling, lohnt einen Ausflug zu den zwei Kilometer Fulda aufwärts liegenden Pfieffewiesen.

Werk der Firma B. Braun, Melsungen

Stadtkirche Melsungen

Ältestes Bauwerk der Stadt ist die evangelische Stadtkirche. Als hochgotische Hallenkirche von 1415 bis 1425 erbaut, bildet sie einen Ruhepol im geschäftigen Marktplatz- und Innenstadtleben, sichtbares Symbol der Verbindung zwischen Gott und der Welt. Ein Erlebnis, nicht nur für Melsunger, ist der Heiligabend-Gottesdienst auf diesem Marktplatz. Hunderte von Besuchern möchten diesen Weihnachtsbeginn inmitten von Kerzen und Weihnachtsliedern nicht mehr missen.

Hospitalkapelle in Spangenberg

Von Melsungen führt der Weg über Mörshausen mit schöner romanischer Kirche aus dem 12. Jahrhundert nach Spangenberg. Inmitten weiter, wildreicher Wälder liegt die mittelalterliche Fachwerkstadt, überragt vom 750-jährigen Jagdschloß. Das Schloß errang traurige Berühmtheit als Wohnung der schönen Margarethe von der Saale. Mit Einverständnis Martin Luthers wurde Philipp dem Großmütigen hier Margarethe als zweite Gemahlin angetraut - zum großen Schaden für die Sache der Reformation.

Im Hospitalgebäude treffen sich ältere Menschen regelmäßig in der „Katharinen-Stube“. Zwei Altenwohnhäuser, Stift und Hospital, bilden die Milden Stiftungen. Sie sind für altgewordene Menschen zur neuen Heimat geworden.

Von Spangenberg nach Morschen, bestehend aus sieben Ortsteilen, sind es wenige Kilometer. Die Fulda muß noch in vielen kleinen Rinnsalen die damals sumpfigen Ebenen durchflossen haben, als die Siedlung zwischen 724 und 780 entstand. Die heute das gesamte Tal überspannende ICE-Brücke weiß von Bonifatius wenig und schaut dennoch auf die von ihm gegründete Kapelle Haydau und das später gewachsene Kloster. Nach der Reformation befand sich in den Klosterräumen eine der ersten Dorfschulen Niederhessens. Im Herrenhaus wurde 1937 für Frauen im Kreis Melsungen ein Arbeitsdienstlager eingerichtet, seit 1982 ist es Rathaus der Gemeinde. Die wechselvolle Geschichte spiegelt sich auch in der Klosterkirche wider, die seit der Restaurierung 1983 in neuem Glanz erstrahlt. Das in seinem Bestand in Hessen am besten erhaltene Zisterzienserkloster wurde zu einem Zentrum für gesellschaftliche und kulturelle Ereignisse. Beliebt sind das Klosterparkfestival, der Weihnachtsmarkt und die Angebote des Nordhessischen Kultursommers. Zentrum des Gemeindelebens sind die Gottesdienste in der Klosterkirche, oft geprägt durch Männergesangverein, Kirchen- und Posaunenchor.

Malsfeld gilt immer noch als Eisenbahnort, auch wenn über die imposante Stahlbrücke der „Kanonenbahn“ schon längst kein Zug mehr fährt. Stattdessen wurde hier der neue Containerbahnhof gebaut, den täglich 200 Container durchlaufen, Zeugnis einer neuen Bahnzeit. Geblieben ist die Kirche in Malsfeld mit einem vielfältigen Angebot. - Dagobertshausen ist das weit sichtbare Dorf auf dem Berge mit sehenswerter gotischer Wehrkirche und beliebtem Jugendheim.

Containerbahnhof in Malsfeld

Körler Esel vor dem Rathaus in Körle

Entlang der Autobahn, zurück über die ehemalige Kreisstadt Melsungen, geht es in Richtung Kassel nach Körle. Neben der Kirche mit altem Wehrturm steht das Rathaus, ein ehemaliges landwirtschaftliches Anwesen, davor das Wahrzeichen des Ortes, der Körler Esel. Es geschah, als Körle noch Filiale des Kirchspiels Wollrode war, dass der Wollröder Pfarrer mit dem Esel nach Körle trabte, um den Gottesdienst zu feiern. Eine Magd sah das vor der Kirche angebundene Tier und spielte mit dem Grauschimmel, kitzelte ihn hier und da, bis er vor lauter Geschrei tot umfiel. Die Körler hatten für Jahrhunderte Strafe zu zahlen, das sogenannte Kitzelgeld, und ihren Spottnamen „Körler Esel". Seit 1981 ist Körle selbständiges Kirchspiel mit familienfreundlichem Pfarrhaus und architektonisch ansprechendem Gemeindehaus. Gottesdienste an Heiligabend auf dem Rathausplatz oder Erntedankfest auf dem Bauernhof erfreuen sich großer Beliebtheit.

Kirche der Seligpreisungen in Lobenhausen

Liebhabern der bildenden Kunst präsentiert das „Margret-Knoop-Schellbach-Museum" im Körler Rathaus die Werke der Kieler Malerin. Von ihr wurde die 1799 erbaute „Kirche der Seligpreisung" in Lobenhausen 1981 unentgeltlich neu ausgestaltet. Die Kirche ist nicht nur für die Einheimischen zu einer „Wallfahrtskirche" in Nordhessen geworden. Besucher aus aller Welt kommen zu den Gottesdiensten, Dichterlesungen, Konzerten oder genießen die alljährlich stattfindende Kammermusikwoche in Zusammenarbeit mit Mitgliedern des Staatstheaters Kassel.

Die Fachwerkkapelle im Ortsteil Wagenfurth mit 90 Einwohnern gilt als älteste gotische Fachwerkkapelle Hessens und wurde 1998 kunstvoll restauriert. Die 1480 erbaute kleine Kapelle hat im Erdgeschoß den Kirchenraum, darüber den Kornspeicher.

Kapelle Wagenfurth

Die Geschichte des Ortes Guxhagen an der Fulda ist eng mit dem angrenzenden Kloster Breitenau verknüpft. Dieses imposante Bauwerk wurde 1113 als Benediktinerkloster vom Landgrafen Werner IV. gegründet, der es dem Mainzer Erzbischof schenkte. Nach der Reformation wurde es von Landgraf Moritz zum Lustschloß umgebaut. Dass Mönche und Landgrafen sich hier in der „breiten Aue" zwischen Fulda und Eder wohlfühlten, glaubt der Besucher gern. Nur, seit 1874 beherbergten die großen Mauern „Arbeitsscheue" und hatten den Namen „Corrections- und Landesarmenanstalt" Breitenau. Kaum vorstellbar, dass der Klosterort 1939 zum Konzentrationslager für politische Gegner des Hitler-Regimes wurde. Von 1940 bis 1945 diente Breitenau als Sammelort für Transporte in die Vernichtungslager Auschwitz oder Treblinka. Seit 1984 wird die Anlage als Gedenkstätte genutzt. Weitere Teile der Anlage werden als psychiatrisches Krankenhaus genutzt. Die Kirchengemeinde hat hier die Aufgabe der Klinikseelsorge. Die Kirche wurde nach der Reformation als Pferdestall und Fruchtspeicher mißbraucht. Der heute als Kirche genutzte Ostteil wurde spätgotisch umgebaut und erzielt durch das Ineinander von Romanik und Spätgotik eine besondere Wirkung. Die Kinder- und Jugendarbeit im Kirchspiel Guxhagen hat besonderes Gewicht. Die Kindergartengottesdienste in den kommunalen Kindergärten sind gute Tradition.

Blick auf Guxhagen und Kloster Breitenau

Die politische Großgemeinde Fuldabrück besteht aus drei Kirchspielen, zu denen im Kirchenkreis Melsungen Dörnhagen und Fuldabrück mit den Ortsteilen Dennhausen und Dittershausen gehören. In Dörnhagen bildet die mittelalterliche Wehrkirche räumlich den Mittelpunkt. 1425 wurde die Kirche im gotischen Stil vollendet, wenngleich durch Ornamentik und die zugemauerten Rundbogenfenster romanischer Einfluß zu erkennen ist. Eine Besonderheit bietet der gemütliche Pfarrstall auf dem Pfarrhof. Dennhausen und Dittershausen sind örtlich zu einer Gemeinde zusammengewachsen. Der Neubau des kirchlichen Gemeindezentrums wurde zum Zeichen der gemeindlichen Einheit.

Gemeindehaus Dennhausen/Dittershausen

Die Dennhäuser Kirche entstand 1730. Taufstein und Tabernakel erinnern an das mittelalterliche Kirchengebäude, das hier einst stand. Die historischen Orgeln wurden jeweils zu einem Kleinod restauriert und sind nicht nur bei Konzerten zu hören. Die Dittershäuser Kirche entstand 1778 auf den Grundmauern einer gotischen Kirche. Die 1628 in Kassel gegossene Glocke sowie Taufschale und ein Kelch erinnern noch heute an vergangene Kirchengeschichte. Den Dittershäusern ist ihr kleines Gotteshaus wert und teuer. Mussten doch die Vorfahren jahrhundertelang zum Gottesdienst in andere Dörfer pilgern, sogar über die Fulda rudern. Als 1445 ein vollbesetztes Boot mit Kirchenbesuchern kenterte und viele ertranken, ordnete das Kloster Breitenau einen Mönch nach Dittershausen ab, der in der kleinen Kapelle den Gottesdienst feierte. Gottesdienste werden noch heute in beiden Kirchen gefeiert, ebenso wie Hochzeiten, Taufen oder kulturelle Ereignisse.

Reinhard Heubner

Stadtkirche Melsungen, gotische Kirche mit noch romanischem Turm; Zentrum eines der reizvollsten deutschen historischen Stadtbilder ▪ Köpfe an der Apsis der Klosterkirche Breitenau in Guxhagen; sie blicken herab auf eine wechselvolle Geschichte des Ortes: Benediktinerinnenkloster im Mittelalter, Konzertrationslager im vergangenen Jahrhundert und Gedenk- und Heilstätte heute ▪ Deckengemälde in der Kirche in Dörnhagen - romanischer Einfluß in der mittelalterlichen Wehrkirche ▪ Modernes Abendmahlsbild in der Kirche in Ellenberg, einem Ortsteil von Guxhagen ▪ Das Kloster Breitenau, nahe der Mündung der Eder in die Fulda gelegen, wurde 1113 gegründet. Kreuzrippengewölbe in der Klosterkirche, die Landgraf Moritz 1607 zu einem Schloß umbauen liess. Der Ostteil des Gotteshauses ist heute Gemeindekirche ▪ Jesus und die Kinder: ein Gemälde von Margret Knoop-Schellbach in der Kirche der Seligpreisungen in Lobenhausen

■ Blick auf Spangenberg. Wer Sinn für Romantik hat, der wird sich in dieses aus dem Pfieffetal aufsteigende Städtchen verlieben ■ Blick auf Dagobertshausen, dem Dorf auf dem Berg mit gotischer Wehrkirche und einem beliebten Jugendheim ■ Badesee bei Beiseförth: Erholung und Dorfidylle im Melsunger Land ■ Innenhof Kloster Haydau: Ort festlicher Konzerte und anderer kultureller Veranstaltungen; Erinnerung an das 1235 gegründete Zisterzienserinnenkloster; Lustgarten und Jagdschloß des Landgrafen Moritz, das er seiner 2. Gemahlin, Juliane von Nassau, übertrug ■ Die hochgelegene Kirche innerhalb eines Wehrkirchhofs in Dagobertshausen. Ein spätgotischer Bau mit einem wuchtigen Westturm ■ Pfarrstall in Dörnhagen: ein zünftiger Ort lebendiger Jugendarbeit ■ Kirche in Mörshausen, von einem alten Friedhof umgeben. Ein Kleinod aus romanischer Zeit, das aus dem 12. Jh. stammt und seither kaum Veränderungen erfahren hat

Die Kirchenkreise Hersfeld und Rotenburg

Das jüngste Gotteshaus in Kurhessen-Waldeck ist das bisher einzige, das nicht von der Kirche selbst, sondern von der politischen Gemeinde gebaut wurde. Für die 240 Einwohner des Wildecker Ortsteils Raßdorf im Osten des Kirchenkreises Rotenburg ging im August 2000 ein jahrhundertealter Traum in Erfüllung. Statt über die thüringische Grenze nach Großensee oder zur etwas weiter entfernten kurhessischen Gemeinde in Bosserode zu pilgern, können sie jetzt Gottesdienste in der eigenen kleinen Kirche feiern. Etwa drei Viertel der Baukosten stellte der Gemeinderat zur Verfügung.

Kirche in Raßdorf

In „Waldhessen", wie sich der Landkreis Hersfeld-Rotenburg gerne und passend nennt, ist die Raßdorfer Kirche wohl der jüngste Beweis für die traditionelle Verbundenheit zwischen den Bürgern und ihrer Kirche. Auffallendstes Zeugnis dafür sind die Dorfkirchen des so genannten osthessischen Bauernbarocks, die liebevoll und üppig mit meist recht naiven Malereien ausgeschmückt sind. Im 17. Jahrhundert rebellierte das Kirchenvolk offensichtlich gegen die von Reformation und Bildersturm verordnete Schlichtheit in den Gotteshäusern. Ihnen diente als Vorbild eine Schöpfung ihres früheren Landesherrn, Landgraf Wilhelm von Hessen-Kassel, die Schlosskapelle von Schmalkalden aus dem Jahr 1590. Diesem Vorbild einer massiv gemauerten „Residenzkirche"

Kirche Weiterode: Gewölbe-Himmel

eiferten die Zimmerleute in den osthessischen Dörfern jetzt mit dem Baumaterial Holz nach. An ihren Konstruktionen entstanden „Bilderbibeln", die den Kirchenraum ausfüllten.

Ältestes erhaltenes Beispiel ist die Kirche von Nentershausen, in früheren Zeiten eine recht wohlhabende Gemeinde aufgrund der Bergwerke, die zum Teil bis vor einigen Jahrzehnten noch im Betrieb waren. Der wehrhaft wirkende Rundturm wurde im 15. Jahrhundert neben einem früheren, kleineren Kirchenbau errichtet. Er stand der Erweiterung der Kirche später wohl im Wege, so dass die alte Außenmauer heute in das Kirchenschiff hineinragt. Ein besonderer künstlerischer Glücksfall ist die Orgel (1680 - 1690). Im I. Weltkrieg konnte die Abgabe der Pfeifen für den Kriegsdienst verhindert werden, so dass der Orgelprospekt jetzt als einer der wenigen in Hessen als urprüngliches Ensemble von Gehäuse, Ornamentation und bemaltem Pfeifenwerk erhalten geblieben ist.

Nentershausen: Die Orgel

Im benachbarten Kirchenkreis Hersfeld ist die Holztonnendecke der 1730 gebauten Kirche in Hohenroda-Ausbach ebenfalls mit einer Himmelsdarstellung ausgemalt; Engelsfiguren musizieren zur Ehre Gottes, der mit seinem Namen „Jahwe" in hebräischer Schrift dargestellt wird. An den Emporen reihen sich die Porträts der Reformatoren Martin Luther und Johannes Calvin wie selbstverständlich in die Folge der biblischen Apostel ein.

Hersfeld - Wiege des osthessischen Christentums

Im wörtlichen Sinn hervorragendes christliches Zeugnis in der Region ist die ehemalige Abteikirche, als „Stiftsruine" imponiererende Kulisse für die jährlichen Bad Hersfelder Festspiele. Hier finden in den Sommermonaten auch kirchliche Feste, Gottesdienste und geistliche Konzerte statt. Die Anlage gehört mit 103 Metern Länge und 56 Metern Breite zu den größten romanischen Kirchenruinen und steht an der Stelle, wo der hl. Lullus, der Nachfolger von Bonifatius, im Jahr 769 eine Abtei gegründet hat. Nach ihm ist auch die älteste Glocke Deutschlands benannt, die vermutlich seit der Mitte des 12. Jahrhunderts im etwas abseits gelegenen Katharinenturm hängt. Sie wird jedes Jahr zum so genannten „Lullusfest" und auch zu hohen kirchlichen Feiertagen geläutet.

Stiftsruine Bad Hersfeld: Posaunenfest

Gewissermaßen als bürgerlicher Gegenpol zum mächtigen Benediktinerkloster entstand Anfang des 14. Jahrhunderts im „modernen" gotischen Stil die Hersfelder Stadtkirche, heute das Zentrum des evangelischen Kirchenlebens in der Stadt. Vorbild für den 1323 eingeweihten Chorraum waren Schlosskapelle und Marienkirche (Luth. Pfarrkirche) in Marburg. Erst im 16. Jahrhundert, also nach Reformation und Niedergang des Hersfelder Stifts, wurde der wehrhafte Turm vollendet. Die seltene Tradition des „Turmblasens", der Einladung zum Gottesdienst mit Posaunenchor, wird an dieser Stelle seit mehr als 100 Jahren gepflegt.

Sehenswerter Nachbar der Stadtkirche ist das evangelische Dekanat, ein imposanter Fachwerkbau aus dem Jahr 1714. Auch das Diakonische Werk in Hersfeld-Rotenburg hat seine Zentrale in dem historischen Alten Schulhaus in der Kaplangasse, während das evangelische Altenzentrum im Hospital eine kleine gotische Kapelle aufzuweisen hat.

Einsatz für Frieden und Gerechtigkeit

Auf der Kuppe eines Berges über der Ortschaft Imshausen bei Bebra ragt ein großes Kreuz in den Himmel. Einmal im Jahr, am 20. Juli, versammeln sich hier Dutzende von Menschen zu einer Feier und gedenken eines Widerstandskämpfers, der unten im Ort aufgewachsen ist: Adam von Trott zu Solz.

Bad Hersfeld: Dekanat

Imshausen, seit 700 Jahren Stammsitz derer von Trott, ist vor allem dank Adams älterer Schwester Vera zu einem besonderen Zentrum der christlich motivierten Bemühungen um Frieden und Versöhnung geworden. Im Jahr 1949 richtete sie im Herrenhaus das „Kinderhaus" ein, und 1955 gründete sie eine Kommunität, deren Mitglieder sich zu Armut, Ehelosigkeit und Gütergemeinschaft verpflichten. Diese Gemeinschaft, die heute zwölf feste Mitglieder und häufige Gäste auf Zeit zählt, hat ihren Sitz seit 1957 auf dem „Tannenhof" in unmittelbarer Nähe des Gedenkkreuzes. Bis 1990 lag die Kommunität am äußersten Rand der Bundesrepublik Deutschland, nur wenige Kilometer von dem verminten Stacheldrahtzaun an der Grenze zur DDR. An diesem symbolträchtigen Ort leitete der evangelische Pfarrer „Bruder Hans" Eisenberg jahrzehntelang das spirituelle Leben zusammen mit Vera von Trott.

Dem Andenken des Widerstandskämpfers dient auch seit 1985 eine Stiftung mit seinem Namen, die im ehemaligen Herrenhaus

Imshausen

einen Tagungsort bietet. Durch einen hauptamtlichen Geschäftsführer (seit 2001) soll die Bildungsarbeit intensiviert, das Haus kontinuierlich als Bildungsstätte ausgebaut werden. Hier werden regelmäßig Menschen im ökumenischen „Schalomdiakonat" ausgebildet für die gewaltfreie Bewältigung von Konflikten an Krisenherden im In- und Ausland.

Gesundheit und Erholung

Viele tausend Besucher jährlich lernen Rotenburg kennen, weil sie eine Herzkrankheit auskurieren müssen. Das Herz-Kreislaufzentrum (HKZ genannt) hat sich zu einem umfassenden Ort der Heilung und Erholung mit Hotels, Restaurants und Geschäften ausgedehnt. In der Seelsorge am Krankenbett arbeiten drei evangelische Pfarrerinnen, die auch Gottesdienste und Andachten in einer vom HKZ erbauten multireligiösen Kapelle abhalten.

Kapelle im Herz-Kreislauf-Zentrum

Die akut Erkrankten aus der Region haben sich seit fast 50 Jahren an die christlich geprägte Krankenpflege gewöhnt. Im Jahr 1954 wurde vom damals selbständigen Landkreis Rotenburg die Leitung des neugebauten Kreiskrankenhauses dem Evangelischen Diakonieverein Berlin-Zehlendorf übertragen. In ihrer grauen Tracht mit weißer Haube wurden die Diakonieschwestern zu einem vertrauten Element im Stadtbild. Neben der Krankenpflege widmen sie sich der Ausbildung junger Schwestern in einer eigenen Schule. Das 200-Betten-Krankenhaus am Kratzberg, auf der gegenüberliegenden Stadtseite zum HKZ, wurde ständig erweitert und modernisiert.

Stadtzentrum Rotenburgs und im wahrsten Sinne Gegenüber zum Rathaus ist die Jakobi-Kirche, die im Jahr 1495 geweiht wurde. Der Neubau wurde vermutlich nach dem großen Stadtbrand von 1478 begonnen; erst nach 1500 kam der Turm dazu, dessen Fundamente leider nicht tief genug gelegt wurden, so dass er sich deutlich nach außen neigt. Lediglich die 1819 in klassizistischer Form aufgesetzte Haube ist im Lot. Eine Bronzeglocke aus dem Jahr 1482, die bereits 1942 abgeholt worden war, wurde glücklicherweise nicht für den Kriegseinsatz eingeschmolzen und fand sich 1948 in Hamburg wieder. Sehenswürdig im Innenraum der Jakobi-Kirche sind unter anderem der Orgelprospekt aus der Renaissancezeit, eine Pieta aus dem 17. Jahrhundert und der Altar aus der inzwischen abgebrochenen Schlosskapel-

Jakobi-Kirche in Rotenburg

le vom Rotenburger Schloss, einem der ersten protestantischen Kirchenbauten in Deutschland. Das bei weitem älteste Gotteshaus in der Altstadt ist die Georgskapelle aus dem frühen 13. Jahrhundert, die erst vor kurzem wieder hergerichtet wurde, so dass dort Andachten aus besonderen Anlässen gehalten werden können.

Wer über die Alte Brücke läuft, geht direkt auf die so genannte Neustadt zu, die allerdings aus dem späten 14. Jahrhundert datiert. Die 1370 begonnene Stiftskirche war ursprünglich eine stattliche gotische Hallenkirche, die allerdings wie mancher Bau in Rotenburg auf unsicherem Boden gebaut wurde. Die Wände wurden rissig, und die Kirche wurde Mitte des 18. Jahrhunderts auf die heutige Grösse verkürzt.

Weltweiter Blick

In der jüngsten Kirchengemeinde Rotenburgs, der Martin-Luther-Kirche, entstand in den 80er Jahren des vorigen Jahrhunderts eine Initiative, die weit über die Grenzen der Landeskirche bekannt ist. Der Wandbehang „Viele kleine Leute an vielen kleinen Orten, die viele kleine Schritte tun, können das Gesicht der Welt verändern" wurde seit 1985 als Plakat und Postkarte vieltausendfach verkauft. Der Erlös kommt Hilfsprojekten für Frieden, Gerechtigkeit und Bewahrung der Schöpfung in Lateinamerika zugute. Der Kirchenkreis Hersfeld unterhält wie der Kirchenkreis Melsungen eine Direktpartnerschaft mit der Diözese Nord-Karnataka in Südindien. In beiden Richtungen gibt es regelmäßige Besuche. In Bad Hersfeld befindet sich auch der einzige „Weltladen" in kirchlicher Trägerschaft in Kurhessen-Waldeck, in dem „fair gehandelte" Produkte aus Entwicklungsländern zu kaufen sind.

Neville Williamson

Bürgerstolz und Gottesfurcht

■ Die Stiftskirche in Rotenburgs Neustadt beherbergt die Gruft des Landgrafen Hermann von Hessen-Rotenburg († 1658) ■ Sehenswert im Innenraum der Rotenburger Jakobi-Kirche, hier beim Adventssingen, sind unter anderem der Alabaster-Altar (1581) aus der ehemaligen Schlosskapelle und der Orgelprospekt von 1682 ■ Bibeltexte und -bilder schmücken seit 1706 die Emporen der Kirche in Nentershausen ■ Ökumenischer Gottesdienst anläßlich der „Heringer Kirchenschicht", die jedes Jahr unter Beteiligung des örtlichen Bergmannvereins gefeiert wird ■ Das Tuch mit dem „Menschen-Friedensband" der Martin-Luther-Gemeinde in Rotenburg ist als Poster und Postkarte „Viele kleine Leute..." sehr bekannt. Eine Schulklasse aus der Ukraine tanzte in der Kirche zu Gunsten strahlengeschädigter Kinder aus der Umgebung von Tschernobyl ■ Die 1944 durch Bomben zerstörte Kirche in Bebra trägt seit dem Wiederaufbau den Namen „Auferstehungskirche" ■ 1958 wurde die Kirche in Bauhaus, einer Filialgemeinde von Richelsdorf, auf einer alten Halde des ehemaligen Bergbaugebietes errichtet

■ Über 400 Jahre erstreckte sich der Bau der Hersfelder Stadtkirche, deren Turm Anfang des 16. Jh., wenige Jahre vor der Reformation gemauert wurde ■ Der Innenraum der Hersfelder Stadtkirche musste nach einem Großbrand im März 1952 restauriert werden und wurde 1986 wieder erneuert ■ Die Hersfelder Stiftsruine, größte romanische Kirchenruine Deutschlands, alljährlich eindrucksvoller Schauplatz der Festspiele ■ Ein Team von Ehrenamtlichen bietet im Eine-Welt-Laden in der Bad Hersfelder Fußgängerzone Produkte aus Entwicklungsländern zu fairen Preisen an. Hier ein Besuch von Frauen aus Guatemala, deren farbenfrohe Tücher und Kleidungsstücke zum Sortiment gehören ■ Die Kapelle eines früheren Benediktinerinnenklosters baute im 17. Jh. der Landgraf von Hessen-Philippsthal zu seiner Schlosskirche um, die heute der evangelischen Gemeinde Philippsthal als Gotteshaus dient. Die barocke Orgel wurde vor kurzem renoviert ■ Die Evangelische Bildungsstätte auf dem Frauenberg ist eine Einrichtung der Landeskirche ■ Die Kirche in Obergeis mit einem Turm aus der 2. Hälfte des 19. Jh.

Bilderbibeln für das Volk

Geburt Jesu, Ölgemälde von Franz Rösel von Rosenhof, vermutlich 17. Jh., in der Kirche von Hattenbach ■ Nach der Zerstörung im Krieg wurde die Auferstehungskirche in Bebra bereits 1949 wieder eingeweiht. Die Fresken mit neutestamentlichen Szenen stammen von Hermann Beressem und Karl Heidelbach, Neffe des damaligen Pfarrers. Das Deckengemälde ist eine Darstellung des Pfingstereignisses ■ Kreuzigungsbild in der Kirche in Schenklengsfeld, 1947 gemalt von Heinrich Mannel, einem einheimischen Künstler. Für die Darstellung der Personen wählte er Portraits von Menschen seiner Umgebung. Die Frauen sind in der Tracht des „Landecker Amtes" gekleidet, im Hintergrund ist das „Kegelspiel" der Vorderrhön dargestellt ■ Glasfenster in der Kirche in Niederjossa: Ausgießung des Heiligen Geistes ■ Barocke Ausmalungen in der Kirche in Ronshausen: Adam und Eva. Diese Kirche gehört zu den sog. Nachfolgebauten der Schmalkaldener Schloßkapelle. Im Kern ist sie allerdings viel älter

■ Der dreiflügelige Schnitzaltar in Haunetal-Neukirchen stammt aus dem Jahr 1522. Unser Bild zeigt die Kreuzigungsgruppe des Mittelteils ■ Kunsthistorisches Juwel in der Kirche in Bosserode: ein spätgotischer Altar mit einer geschnitzten Pietá. Der Altar entstand um 1500, die Pieta ist einige Jahrzehnte älter ■ Noah und die Taube mit Ölzweig - ein Detail aus einem der drei grossen Kirchenfenster von Hans Gottfried von Stockhausen in der Stadtkirche Bad Hersfeld; von Hersfelder Bürgern nach dem grossen Brand von 1952 gespendet ■ Taufstein, Kanzel und Altarwand in der Kirche in Odensachsen, die ein herausragendes Beispiel einer barocken osthessischen Dorfkirche ist ■ Auch die Kirche in Nentershausen besticht durch die wunderschön erhaltene barocke Ausstattung. Ein wahrhaftiger „Kirchenhimmel" öffnet sich als Gewölbe über dem Betrachter und stellt mit symbolischen Darstellungen die drei Personen Gottes dar ■ Kirchenfenster in der Kirche Wölfershausen, Kirchenkreis Hersfeld ■ Einer von vielen Schlusssteinen in der Stadtkirche Bad Hersfeld: Maria und das Kind

Kirche in der Diaspora

Tympanon über einer Tür der evangelischen Kirche in Schlotzau

Portal in Großen-Lüder: Martin Luther und Gustav Adolf

Titelbild: Fuldaer Domplatz

Nach einem Konfirmationsgottesdienst, den die evangelische Kirchengemeinde Eiterfeld in der katholischen Kirche gefeiert hat. - Kirchen neben- und miteinander: Die evangelische und die katholische Kirche in Burghaun.

Figuren am Elf-Apostel-Haus in Tann

Die Barockstadt Fulda, im Fuldatal zwischen Rhön und Vogelsberg gelegen, rückt seit Grenzöffnung in den Kreuzungspunkt von Ost und West. Mit ihren rund 60.000 Einwohnern geht Fulda auf die Klostergründung durch Abt Sturmius auf Anordnung des Bonifatius im Jahre 744 zurück. Und so blieb die Stadt nicht nur Sitz des Bischofs und der Deutschen Katholischen Bischofskonferenz, auch der Deutsche Evangelische Kirchentag hat in Fulda sein Präsidialbüro.

Barockstadt Fulda: Schloß

Als Kirche in der Diaspora, aber auch in ökumenischer Offenheit, suchen die evangelischen Gemeinden im Kirchenkreis Fulda ihr Profil. Zwar kamen die reformatorischen Gedanken durch Adam Krafft in den Jahren von 1522 bis 1524 schon früh nach Fulda, wurden aber durch gegenreformatorische Bestrebungen gegen Ende des 16. Jahrhunderts durch Fürstabt Walter von Dernbach unterdrückt.

Kirchenfenster in Tann: Eberhard von der Tann und Martin Luther

Und so dauerte es über 230 Jahre, bis evangelische Christen sich in Fulda ab 1802 zu einem regelmäßigen Gottesdienst versammeln konnten, nachdem der evangelische Landesherr, Prinz Wilhelm von Oranien, einen evangelischen Pfarrer einsetzte. Die evangelische Gemeinde versammelte sich in der Aula des damaligen Domgymnasiums am Universitätsplatz.

Christuskirche Fulda

Die Christuskirche in unmittelbarer Nähe des Hauptbahnhofes wurde zwischen 1894 und 1896 erbaut und ist damit die älteste evangelische und größte Kirche in der Stadt Fulda. Nach starker Beschädigung während des 2. Weltkrieges wurde sie 1949 wiederhergestellt. Die Kirchengemeinden der Christuskirche, der Lutherkirche, der Bonhoefferkirche, der Versöhnungskirche, der Kreuzkirche und die Kirchengemeinden Trätzhof-Maberzell und Bronnzell schlossen sich zur Evangelischen Gesamtgemeinde Fulda zusammen.

Sommerfest der Bonhoeffer-Kirchengemeinde Ziehers-Nord

Ökumene vor Ort: Die ehemalige Kirchengemeinde Ziehers-Nord und heutige Bonhoeffer-Kirchengemeinde bildet zusammen mit der Katholischen Kirchengemeinde St. Paulus die „Evangelisch-Katholische Gemeinschaft Ziehers-Nord". Der gemeinsame Festgottesdienst zum Sommerfest ist hier ebenso selbstverständlich wie die gemeinsame Faschingsfeier.

In anderen Kirchengemeinden sind es der Ökumenische Kinderkirchentag, Bibelabende, Bibelgesprächskreise und Schulgottesdienste, die gemeinsam gestaltet werden. Der Dienst der Bahnhofsmission an der Kreuzung zweier ICE-Linien wird ebenfalls von katholischen und evangelischen Mitarbeiterinnen versehen.

Südlich von Fulda liegt Neuhof mit seinem Kalibergwerk. Die gemeinsame Barbarafeier im Dezember unter Tage gehört zum Leben und Arbeiten der Kalikumpel dazu.

Barbarafeier unter Tage im Kalibergwerk Neuhof

Im Ort Burghaun, an der Haune zwischen Hünfeld und Bad Hersfeld gelegen, ist das Miteinander von evangelischer und katholischer Kirche besonders augenfällig. Fürstabt Adolf von Dalberg errichtete neben der katholischen Kirche, die auf der Stelle einer alten Burg steht, die evangelische Christuskirche 1728. Dieses Gotteshaus ist der Nachfolgebau einer ehemals von den Herrn von Haune gebauten Kirche, die in Burghaun die Reformation nach lutherischem Bekenntnis eingeführt hatten. Nach dem Aussterben dieses Rittergeschlechtes ging der Ort an den Fürstabt des Stifts Fulda über, der hier zugleich eine katholische Pfarrei gründete. Trotzdem wurden die Pläne für die evangelische Christuskirche im Baubüro des Fürstabtes in Fulda entworfen.

Barockaltar in der evang. Kirche Burghaun

Evangelische Kirche in Hünfeld

Hünfeld, Hessentagsstadt im Jahre 2000, liegt im sogenannten Hessischen Kegelspiel im Naturpark und Biosphärenreservat Rhön. Das mittelalterliche Gesicht der Stadt wurde im 19. Jahrhundert durch einen Brand zerstört. In der im neugotischen Stil erbauten evangelischen Stiftskirche zum Heiligen Kreuz, 1857 erbaut und 1895 erweitert, sind noch mittelalterliche Bauteile der ehemaligen gotischen Stiftskirche am Chorraum und an der Nordwand erhalten.

Evangelische Kirche Bad Salzschlirf

Leben in der Diaspora: Das Gustav-Adolf-Werk, das evangelische Minderheiten unterstützt, war auch im Kirchenkreis Fulda tätig. Mit Mitteln des Gustav-Adolf-Werkes wurde die Vergrößerung der Hünfelder Stiftskirche auf ihre heutige Größe finanziert. Anfang dieses Jahrhunderts baute das Hilfswerk zwei evangelische Kirchen: In Bad Salzschlirf 1902 und in Großenlüder, das im Lüdertal an einem Ausläufer des Vogelsbergs liegt, konnte am 18. Juli 1906 die evangelische Kirche eingeweiht werden. Seit 1992 trägt sie den Namen Martin-Luther-Kirche. Am Portal ist neben dem Portrait des Reformators auch der Schwedenkönig Gustav-Adolf abgebildet.

Evangelische Kirche Großenlüder

Anders sah die Situation in den Orten Gersfeld und Tann in der Rhön aus. Diese gehörten bis 1816 zu Bayern und nach dem Willen des Adelsgeschlechtes der Ebersberger dem lutherischen Bekenntnis an. 1537 wurde die Reformation in Gersfeld durch Pfarrer Markus Sebander durchgeführt. Die Barockkirche von 1785 am dreieckigen Marktplatz mit ihrem weiten kreuzförmigen Saalbau stellte eine „beachtliche Leistung des protestantischen hessischen Barocks dar", heißt es in einem Kunstführer. Sehenswert ist auch die Orgel, die 1787 gebaut wurde.

Stadttor in Tann

Die evangelisch-lutherische Stadtkirche Tann, nach einem Brand als Nachfolgekirche 1889 im neugotischen Stil erbaut, ist Ort zahlreicher

Kirchengemeinde Petersberg: Engagement für „Brot für die Welt"

Konzerte und eine kulturelle Bereicherung der Region. Eberhard von Tann führte bereits 1534 die Reformation in seinen Besitzungen ein.

Die evangelische Kirche im Kirchenkreis Fulda war und ist immer bereit, Aufgaben zu übernehmen: Von der Telefonseelsorge (Träger Kirchenkreis) bis hin zum Jugendfreizeitheim in Hofbieber in der Rhön. Die Abdeckung des evangelischen Religionsunterrichts an den Schulen ist die beste in der gesamten Landeskirche. Beispielhaft sind auch der Einsatz und das Engagement der evangelischen Kirchengemeinde Petersberg im Bereich der Friedensarbeit und für das evangelische Hilfswerk „Brot für die Welt". Mit ihren Aktionen liegt die Kirchengemeinde Petersberg seit über 25 Jahren nach dem Pro-Kopf-Aufkommen von 15 bis 20 Mark jährlich an der Spitze aller Gemeinden in Deutschland.

Laut Statistik gehört der Kirchenkreis Fulda zu denjenigen in der Evangelischen Kirche von Kurhessen-Waldeck, deren Mitgliederzahlen in den letzten Jahren durch Zuzug stetig zunahmen; die Anzahl der Taufen liegt dabei über dem landeskirchlichen Durchschnitt. Nach dem Abzug der amerikanischen Soldaten kamen vor allem Rußlanddeutsche in die ehemaligen Kasernen. Nach den letzten Zahlen sind 59% der evangelischen Gemeindeglieder in der Kreuzkirchengemeinde unter 40 Jahren. So hat diese Gemeinde prozentual den jüngsten Mitgliederdurchschnitt innerhalb der Landeskirche. Damit verbunden ist die Herausforderung, die neuen Mitglieder mit der ihnen eigenen Frömmigkeit in die Kirchengemeinde aufzunehmen. Mit dem Entstehen eines neuen Stadtteils wird die Gemeinde voraussichtlich noch um ein Drittel wachsen. Fredy F. Henning

Kirchen - Kunst - Kultur

- Ein Kirchenkonzert im Rahmen des „Tanner Musiksommers" in der evangelischen Kirche Tann
- Die Barockkirche in Gersfeld, 1785 erbaut, wurde in den Jahren 1961-63 renoviert
- Einmalig im Hünfelder Land: Die Kirche in Wehrda mit ihrer welschen Haube und den vier Ecktürmchen
- Buchenau: Die evangelische Kirche, in Hanglage oberhalb des Dorfes, wurde 1568-73 errichtet
- Alter jüdischer Friedhof bei Rhina
- Matthias-Claudius-Heim in Bieberstein/Rhön, das Freizeitheim des Kirchenkreises Fulda

Deutscher Evangelischer Kirchentag

Zentrale Arbeitsstelle in Fulda

- Kirche in Mansbach, aus dem 15. Jh., älteste erhaltene barocke osthessische Dorfkirche
- Lutherkirche in Fulda, erbaut 1934/35
- Der Deutsche Evangelische Kirchentag hat in Fulda sein Büro
- Grabmale in der Kirche in Burghaun
- Antependium in der Kirche in Buchenau
- Holzrelief „Mutter Anna selbdritt", um 1500, in der Kirche in Buchenau
- Moderner Kruzifixus im Bonhoeffer-Haus, Fulda Ziehers-Nord

Eine Region in Bewegung
Der Main-Kinzig-Kreis

Hanau-Stadt: Marienkirche

Hanau-Land: Windecken

Gelnhausen: Marienkirche und Romanisches Haus

Titelbild: Im Vordergrund der Luftaufnahme Schloß Philippsruh, Kesselstadt und der Main

Sie war eine der bedeutendsten Handels- und Heerstraßen Europas. Auf dem Abschnitt von Frankfurt her kommend, entlang an Main und Kinzig, zogen früher die Kaufleute mit ihren Fuhrwerken zur Messestadt Leipzig und Kaiser auf der „Reiches Straße" durch ihr Herrschaftsland. Generäle zogen hier einst von Paris über Warschau nach Moskau. Und so war das Kinzigtal mit seinen Höhenzügen von Vogelsberg und Spessart immer eine Region voller Bewegung. Heute schlängelt sich die Autobahn durch das Tal und bringt die Pendler in eine der wirtschaftsstärksten Regionen in Europa. Umgekehrt verbindet die Kinzigtalautobahn heute den Ballungsraum Rhein-Main mit Osthessen und Thüringen.

An Main und Kinzig gelegen, sind die vier Kirchenkreise Hanau-Stadt, Hanau-Land, Gelnhausen und Schlüchtern fast identisch mit dem 1974 gebildeten Main-Kinzig-Kreis, dem größten des Landes Hessen.

Gemeinsamkeiten haben hier Tradition, denn bereits 1818 kam es zu einem Zusammenschluß aller reformierten und lutherischen Kirchengemeinden aus dem Fürstentum Hanau und Isenburg einschließlich dem Großherzogtum Fulda zur so genannten „Hanauer Union". In der späteren Evangelischen Kirche von Kurhessen-Waldeck bildete diese Hanauer Union der Kirchenkreise Hanau-Stadt, Hanau-Land, Gelnhausen, Schlüchtern und Fulda dann 1947 die Grundlage für den Sprengel Hanau.

Mit dem Stadtteil Bergen-Enkheim in der Metropole Frankfurt im Süden und mit Mansbach im Kreis Hersfeld-Rotenburg im Norden sollen die vier Kirchenkreise mit ihren Gemeinsamkeiten und ihren Unterschieden dargestellt werden.

Die Region selbst zeigt sich verschiedenartig und abwechslungsreich: Naturgebiete mit ausgedehnten Wäldern, Heilquellen und Ferienorte, landwirtschaftliche Betriebe und Bauernhöfe, kleine Dörfer mit Fachwerkhäusern laden Gäste zur Erholung ein.

Der Main-Kinzig-Kreis ist aber auch ein traditioneller Industriestandort im Osten des Rhein-Main-Ballungsraumes mit Arbeitersiedlungen für die Fabriken in Hanau, Offenbach und Frankfurt. Diese Unterschiedlichkeit spiegelt sich natürlich im kirchlichen Leben wider. Während in den ländlichen Teilen des Main-Kinzig-Kreises die Menschen der evangelischen Kirche treu bleiben, gehören in der Stadt Hanau nur noch rund 30 Prozent der Bevölkerung zu jeweils einer der beiden christlichen Kirchen.

Schlüchtern: Kloster

Wo die Kinzig in den Main mündet, bildet Hanau mit seinen rund 94.000 Einwohnern das Tor zum Kinzigtal. Auf dem Marktplatz der Industriestadt setzten die Hanauer ihren berühmten Söhnen, Jakob und Wilhelm Grimm, ein Denkmal. Es blickt auf die Hanauer Neustadt, die im 16. Jahrhundert von Glaubensflüchtlingen geplant und gebaut wurde. Sie legten den Grundstock für den Ruf Hanaus als Goldschmiedestadt. Hanau als Wirtschaftsstandort war der Grund, warum diese Stadt kurz vor Ende des 2. Weltkrieges bombardiert wurde. Am 19. März 1945 versank die Innenstadt Hanaus in

Denkmal der Gebrüder Grimm in Hanau

Schutt und Asche. Die bereits 1316 erwähnte evangelische Marienkirche wurde erheblich beschädigt. Während die Ruine der Wallonischen Kirche als Mahnmal erhalten blieb, wurde die Marienkirche 1946 wieder aufgebaut. In Nachbarschaft zum Goldschmiedehaus mit seinen wechselnden Kunstausstellungen sind der prächtige Chorraum und das Kreuzrippengewölbe der Marienkirche sehenswert. Ebenfalls wieder aufgebaut wurde 1949 die Christuskirche, vier Jahre nach ihrer Zerstörung. Nach dem Krieg wurden die neue Johanneskirche und die Kreuzkirche als Gotteshäuser errichtet. So bildeten die Innenstadtgemeinden der Marienkirche, Christuskirche, Kreuzkirche und Johanneskirche den Gesamtverband evangelisch-unierter Kirchengemeinden Hanau.

Goldschmiedehaus nahe der Marienkirche

Innenraum der Christuskirche

Der Gesamtverband in der Stadt Hanau konnte trotz knapperer Kasse bisherige Projekte fortführen und sich durch Anregungen aus den Kirchengemeinden neuen Aufgaben stellen: In der Kreuzkirchengemeinde wurde eine Jugendtagesstätte eingerichtet, die jungen Menschen zwischen 12 und 15 Jahren eine Anlaufstelle bietet. Im Kinderhaus „Regenbogen" in der Johanneskirchengemeinde gibt es Spielmöglichkeiten, die die Kinder zwischen den Hochhäusern nicht finden. Die Marienkirchengemeinde hat eine Tageseinrichtung, die mit Kindergarten-, Familien- und Hortgruppe eine Modelleinrichtung für Hessen wurde.

Kindertagesstätte der Marienkirche Hanau

„Lichtblick", die Stiftung der evangelischen Marienkirchengemeinde setzt sich für Menschen ein, die von Wohnungslosigkeit, Arbeitslosigkeit, Armut, Sucht und Straffälligkeit betroffen sind. Auch mit ihren neuen Angeboten „Hanauer Tafel" - übriggebliebene Lebensmittel aus Supermärkten für Bedürftige - und „Hanauer Gesegnete Mahlzeit" - ein Mittagstisch seit November 2000 - wollen ehren- und hauptamtliche Mitarbeiterinnen und Mitarbeiter Menschen Hoffnung geben.

Auf die besondere Situation von Jugendlichen geht seit 1978 das Projekt „Treff für Jugendliche in Berufsnot" ein. Die „Jugendwerkstatt" bereitet junge Menschen durch praktische Arbeit auf eine Lehrstelle vor. Neben der Jugend- und Drogenberatung des Diakonischen Werkes und den Einrichtungen für Jugendliche in den Kirchengemeinden arbeiten allein im Kirchenkreis Hanau-Stadt insgesamt rund 30 hauptamtliche Mitarbeiter mit jungen Menschen zusammen. Ein Teil besonderer Arbeit mit Jugendlichen ist auch die erste Stelle der Landeskirche für Schulseelsorge an der Beruflichen Schule in Hanau.

Die verschiedenen Angebote des Diakonischen Werkes der Kirchenkreise Hanau-Land und Hanau-Stadt, wie Schuldner-, Erziehungs-, Sucht- und Drogenberatung fanden in der Alten Johanneskirche, ehemals Sitz des kirchlichen Rentamtes, ein neues Zuhause. Das Rentamt als Verwaltungseinheit der beiden Hanauer Kirchenkreise bezog in der Nähe des Hanauer Westbahnhofs einen ökologisch orientierten Neubau mit der ersten Photovoltaikanlage innerhalb der Evangelischen Kirche von Kurhessen-Waldeck.

Nicht weit vom Diakonischen Werk entfernt liegt direkt an der Kinzigaue gelegen die Martin-Luther-Stiftung. Sie zählt zu einer der bedeutendsten diakonischen Einrichtungen der Landeskirche, da sie oft richtungsweisend für die neuen Aufgaben von Pflege und Diakonie war. Als Träger der Hilfezentrale, in der mobile Dienste für alte und behinderte Menschen angeboten werden, geht die Martin-Luther-Stiftung auch hier neue Wege: Im Rahmen des Projektes „Betreutes Wohnen" können AIDS-Kranke und HIV-Infizierte in ihrer vertrauten Umgebung wohnen bleiben. Für ihre Bemühungen in bezug auf die über 350 Mitarbeiter erhielt die Martin-Luther-Stiftung das Siegel „Arbeit Plus 2000" - eine Initiative der Evangelischen Kirche in Deutschland.

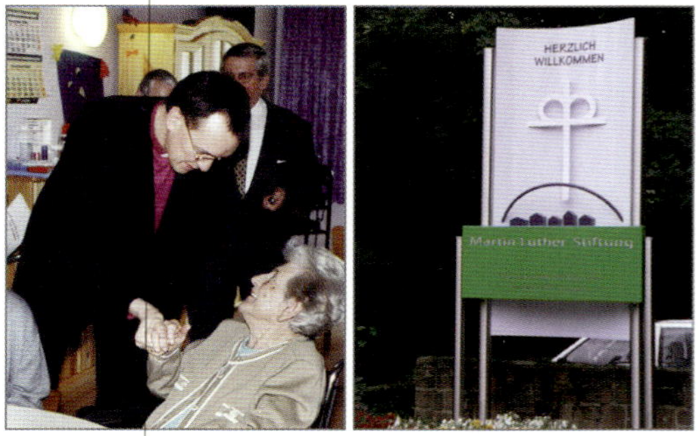

Martin-Luther-Stiftung: Bischof Martin Hein zu Besuch

Die evangelische Kirchengemeinde in Kesselstadt hat in ihrem Jugendzentrum vom Nachhilfeunterricht bis hin zur Freizeitgestaltung Angebote für junge Menschen. Ihr Gotteshaus wurde 1904 am Main als Friedenskirche in unmittelbarer Nähe des Schlosses Philippsruhe erbaut.

Die evangelische Kirche in Kesselstadt, nahe Schloß Philippsruhe

In Hochstadt, das sich mit Bischofsheim, Dörnigheim und Wachenbuchen als Maintal zur zweitgrößten Stadt des Main-Kinzig-Kreises zusammenschloß, werden Apfelsaft und Apfelwein, das „Stöffche“, abgefüllt. Ebenso bekannt ist das musikalische Engagement der evangelischen Kirchengemeinde Hochstadt. In der alten Wehrkirche von Hochstadt (im 13. bis 15. Jahrhundert erbaut) finden Konzerte mit bekannten Künstlern statt, der Posaunenchor der Kirchengemeinde gehört mit seinen über 100 Mitgliedern zu den größten innerhalb der Landeskirche.

„Kerb“(Kirmes)-Gottesdienst mit dem Posaunenchor Hochstadt

Historisch interessant ist das hoch über dem Maintal gelegene Bergen, das erst 1974 zusammen mit Enkheim zum Frankfurter Stadtteil wurde. Zwischen dem 13. bis 14. Jahrhundert kam Bergen in den Besitz der Grafen von Hanau. 1971 schlossen sich die Kirchengemeinden Bergen und Enkheim zu einer Kirchengemeinde zusammen und blieben weiterhin der Evangelischen Kirche von Kurhessen-Waldeck zugehörig. Als südlichste Kirchengemeinde der Landeskirche ist sie die einzige mit U-Bahn-Anschluß.

Eine Reihe von gemeinsamen Einrichtungen und Kooperationen verbindet die südlichsten Kirchenkreise der Landeskirche. Die Kirchenkreise Hanau-Stadt und Hanau-Land tragen gemeinsam Kirchliches Rentamt und Diakonisches Werk. Zusammen mit dem Kirchenkreis Gelnhausen wurde ein „Runder Tisch für Arbeit“ eingerichtet. Unterstützt vom Marburger Institut für Wirtschafts- und Sozialethik kommen Verantwortliche aus Wirtschaft, Schule, Handwerk und Gewerkschaft auf Initiative der evangelischen Kirche zu einem Austausch zusammen.

Besuch in der Ökumenischen Werkstatt Main-Kinzig in Langenselbold

Zusätzlich beteiligt sich der Kirchenkreis Schlüchtern noch an zwei weiteren gemeinsamen Einrichtungen: An der Ökumenischen Werkstatt Main-Kinzig in Langenselbold, die Kirchengemeinden und Schulen zu allen entwicklungspolitischen Fragen berät, und an dem Evangelischen Jugendheim Bieber.

Immer wieder waren es Fürsten und Grafen, die das religiöse Leben des Hanauer Landes prägten. Windecken, über dem Südufer der Nidder gelegen, war vom 14. bis zum 15. Jahrhundert eine bevorzugte Residenz der Grafen von Hanau. Die 1540 erbaute evangelische Stiftskirche zählt zu den ältesten Sakralbauten in der südlichen Wetterau. Während das Gotteshaus selbst zwischen 1495 und 1497 errichtet wurde, baute man den Turm bereits 1484. Ursprünglich diente er als Wehrturm zur Sicherung des benachbarten Nidderübergangs.

Die Stiftskirche in Windecken

Die evangelische Kirche in Langenselbold von 1735 geht auf Graf Wolfgang Ernst I. von Isenburg zurück. Sie zählt zu den sechs „Reinhardskirchen“, nach dem Hanauer Grafen Johann Reinhard benannt. An der Stelle eines früheren Prämonstratenserklosters ließ sich der Graf gemeinsam mit einer kompletten Schloßanlage eine Kirche errichten, die zu den weiträumigsten des unteren Kinzigtales zählt. Eine gelungene Kombination zwischen Tradition und Moderne findet sich in der Jakobuskirche in Bruchköbel. Während der Eingang mit dem starken Wehrturm aus dem 15. Jahrhundert stammt, wurde der Chorraum erweitert und mit Glasfenstern eines britischen Künstlers aus unserer Zeit ausgestaltet.

Fredy F. Henning

Die evangelische Kirche in Langenselbold. Am Horizont - die Ronneburg

■ Marienkirche Hanau: Zu den spätgotischen Glasmalereien im Chorraum, die vor der Zerstörung im Zweiten Weltkrieg gerettet wurden, gehört auch diese stehende Muttergottes mit dem Kind ■ Schlußstein im Kreuzrippengewölbe der Marienkirche: Der Auferstandene erscheint Maria Magdalena als Gärtner ■ Taufgottesdienst im Chorraum der Marienkirche ■ Die Marienkirche Hanau, erstmals 1316 erwähnt. Der Wiederaufbau begann bereits 1946. Von allen zerstörten und wieder errichteten Gebäuden Hanaus zeigt die Marienkirche am deutlichsten ihr ehemaliges Gesicht ■ Tor zum Schloß Philippsruh, als Sommersitz des Hanauer Grafen von Philipp Reinhard (1664-1712) angelegt. Im Park des Schlosses finden hin und wieder auch kirchliche Veranstaltungen statt (siehe Bild auf der gegenüberliegenden Seite) ■ Christuskirche Hanau, 1949 erbaut, in der Nähe des Hauptbahnhofes

Vielfältige Vergangenheit und Gegenwart

■ Im Sprengel Hanau findet regelmäßig der „Bunte Grundkurs Kinder- und Jugendarbeit" statt, um Ehrenamtliche in diesem Bereich fortzubilden ■ Begegnung im Gemeindezentrum Waldsiedlung der Kirchengemeinde Großauheim ■ Schulseelsorge an Berufsschulen in Hanau: Projekt zum Islamtag des Kirchenkreises mit zwei Klassen außerhalb des Stundenplanes ■ Ob Surfen oder Chatten im Internet: Der Computer ist aus der kirchlichen Jugendarbeit nicht mehr wegzudenken ■ Himmelfahrtsgottesdienst im Park von Schloß Philippsruh, Hanau ■ Als spätgotische Hallenkirche wurde die Kirche in Bischofsheim 1415 errichtet ■ Denk-Mal und ehemalige Synagoge Großkrotzenburg, die am 10. November 1938 zerstört wurde; 1951 erwarb die evangelische Kirchengemeinde das Gebäude. Seit 1992 Begegnungs- und Gedenkstätte an die mehr als drei Jahrhunderte lange Geschichte der jüdischen Gemeinde an diesem Ort ■ Kirche in Wachenbuchen: Bereits 1416 erbaut, wurde sie nach einem Brand 1945, bei dem sie bis auf die Umfassungsmauern und den Turm ausbrannte, 1953 wiederhergestellt

■ Eine der ältesten Kirchen im Hanauer Land steht in Rüdigheim, die zusammen mit der ehemaligen Johanniterkommende von 1257 zu den bedeutenden frühgotischen Bauwerken zählt ■ Rüdigheim: Nachdem das Kommendengebäude lange Zeit als Lager und Scheune diente, wird es nach einer umfassenden Renovierung als Gemeindezentrum der evangelischen Kirchengemeinde genutzt. Fenster und Fensternischen im modernen Treppenhaus weisen auf das hohe Alter hin ■ Kirche in Roßdorf, im Kern wohl noch romanische Anlage (1062 erstmals genannt). Ihre heutige Form stammt aus dem Jahr 1765 ■ Außenaufnahme der Kirche in Rüdigheim ■ Kirche mit ehemaligem Wehrturm (1410/1505) und altes Rathaus (etwa 1520) in Bruchköbel ■ Kilianstädten, alter Dorfkern und Kirche aus 1738-39 ■ Niederrodenbach, alter Dorfkern mit der Kirche aus 1763-64. Im Innern das für diese Kirche typische „Paradiesgärtchen" um den Altar, siehe Bild auf der gegenüberliegenden Seite

■ Windecken: „Der Zinsgroschen", die seitenverkehrte Kopie aus dem 18. Jh. eines Bildes von Peter Paul Rubens, das er um 1614 geschaffen hat. Kopien dieses Werkes hatten im 17. Jh. weite Verbreitung gefunden. Der „Windecker Zinsgroschen" gilt als ein besonders originelles Exemplar ■ Die ev. Stiftskirche in Windecken, nach Abschluß einer umfangreichen Renovierung, die im Jahr 2001 abgeschlossen wurde. Die Kirche (ehemalige St. Cyriakus) enthält noch einige spätgotische Elemente, vermutlich aus der 1. Hälfte des 13. Jh. ■ Kanzelfuß in der Kirche Ravolzhausen. Sie steht in einem ehemaligen Wehrkirchhof und wurde 1739 vollendet ■ Bruchköbel: modern gestalteter Altarraum in der Jakobuskirche (1724 gebaut), die viele Umbauten und Erweiterungen erfahren hat. Der durch eine Stahl/Glas-Konstruktion bestimmte sehr helle Altarraum entstand im Jahr 1990 ■ Rodenbach, Altarraum mit „Paradiesgärtchen", siehe Text auf der gegenüberliegenden Seite

Marienkirche Gelnhausen, Blick ins Kinzigtal

Während die Kinzigebene nördlich von Hanau sich flach und fruchtbar gibt, wechselt die Landschaft weiter flußaufwärts. Hänge, an denen früher Wein angebaut wurde, und bewaldete Bergeshöhen reichen immer dichter an den wiesenreichen Talgrund heran. Am nördlichen Talhang befindet sich die Barbarossastadt Gelnhausen mit einem Kleinod romanisch -gotischer Baukunst, der evangelischen Marienkirche. Der ersten großen Bauphase um 1170 an Stelle einer Vorgängerkapelle folgten mehrere erweiternde Bauabschnitte. Gelegen an der Reichsstraße Frankfurt - Leipzig, kurz hinter deren engster Stelle, war sie Unterschlupf und Ruheort vor allem auch für Reisende. Heute ist die viertürmige Marienkirche mit ihrer unverwechselbaren Silhouette das weithin sichtbare Wahrzeichen der Stadt mit ihren liebevoll restaurierten Fachwerkhäusern. Bemerkenswert im Inneren der Kirche ist der künstlerisch reich gestaltete Steinlettner mit Darstellungen der zwei möglichen Wege der Menschen in die Hölle oder die Auferstehung.

Bei den inzwischen weit über die Grenzen hinaus bekannten Erlebnisführungen treten historische Figuren, wie das Ehepaar Strupp oder Medici, Hebammen, Mönche und andere auf und machen das mittelalterliche Leben der Stadt und der Kirche hautnah erlebbar. Da kommt der aus Gelnhausen stammende Jakobpilger von seiner Reise nach Santiago de Compostella im 13. Jahrhundert wieder zurück und berichtet von seinen Begegnungen. Oder der Pfalzgraf Karl von Birkenfeld-Gelnhausen, der Urgroßvater von Sissi, wird wieder lebendig. Besondere Bedeutung kommt dabei Maria Elisabeth Strupp zu, einer Pfarrerswitwe, die als Hexe hingerichtet wurde. Anläßlich ihres 400. Todestages 1999 wurde im Kirchhof eine Skulptur zur Erinnerung an die Hexenverfolgung errichtet. Das Denkmal soll auch alle anderen zu Unrecht Verfolgten und Hingerichteten ehren.

Wie die Kirche das Stadtbild prägt, so versteht sich die Gemeinde als Kirche für die Stadt. Eine schon 23-jährige Tradition haben die jährlichen Stadtferien, in denen Kinder für eine Woche ein besonderes Programm erleben. Die Kirchengemeinde bietet außerdem Durchreisenden Übernachtungsmöglichkeit im Warmen und ist gemeinsam mit der Stadt und der katholischen Kirche in der offenen Seniorenarbeit aktiv. In den Räumen der evangelischen Kirchengemeinde Gelnhausen ist das Diakonische Werk des Kirchenkreises ansässig, das mit einer Reihe von Beratungsangeboten für Hilfesuchende wie Frauen-, Senioren-, Flüchtlingsberatung oder Essen auf Rädern zur Verfügung steht.

Evangelische Kirche in Wächtersbach

Strupp-Hexen-Mahnmal vor der Marienkirche

In unmittelbarer Nachbarschaft der Marienkirche befindet sich das Romanische Haus. Das heutige Gemeindezentrum der evangelischen Kirchengemeinde ist das älteste deutsche Amtsgebäude, vor Umbau und Renovierung war es das ursprüngliche Rathaus der Stadt. Vom Romanischen Haus hat man eine wundervolle Aussicht auf den Untermarkt. An Heiligabend findet hier ein Vespergottesdienst im Freien statt, und bei der größten Radveranstaltung der Region - „Kinzigtal total" - beteiligt sich die Kirchengemeinde neben anderen mit einer Andacht für die Freizeitradler.

Das Hauptgebäude des Burckhardthauses - die im neoklassizistischen Stil erbaute „Weiße Villa"

In Gelnhausen befinden sich gleich zwei Einrichtungen der ev. Kirche in Deutschland: Seit über 28 Jahren bietet das Burckhardthaus als „Evangelisches Institut für Jugend-, Kultur und Sozialarbeit" Fort- und Weiterbildungsmöglichkeiten. Auf dem gleichen Gelände befindet sich seit 1994 das Anna Paulsen Haus, das Frauenstudien- und Frauenbildungszentrum der Evangelischen Kirche in Deutschland.

Bergkirche: Gottesdienst für Motorradfahrer

Die Bergkirche in Niedergründau, mit ihrem Turm weithin sichtbar, ist schon mehrmals Ziel für Zweirad-Freunde gewesen. Im Frühjahr zur Eröffnung der Saison treffen sich mehrere tausend Motorradfahrer aus dem Rhein-Main-Gebiet und darüber hinaus zum Gottesdienst zum „Anlassen" ihrer Maschinen zu „Gottes Lob". -

Wie einst in Hanau so fanden auch im Vogelsberg evangelische Gläubige aus den französisch-italienischen Alpentälern eine neue Heimat und siedelten sich in Waldensberg, einem Stadtteil von Wächtersbach, an. 1999 konnte das 300-jährige Bestehen der Waldensergemeinde gefeiert werden.

Wappen der Waldenser in Waldensberg

Wieder zurück im Kinzigtal und auf der anderen Seite des Flüßchens, trifft man an den Ausläufern des Spessarts in Freigericht auf eine der neueren evangelischen Kirchen. Die 1963/64 erbaute Johanniskirche erinnert in ihrem Innenraum an die Form eines Zeltes. Bemerkenswert ist die künstlerische Ausgestaltung der Glasfenster und der Inneneinrichtung wie Taufbecken, Altar und Kanzel aus Baumstämmen.
Steinau an der Straße - wir sind jetzt im Kirchenkreis Schlüchtern - ist wie Hanau den Brüdern Grimm verbunden. Hier verbrachten Jakob und Wilhelm ihre Kindheit und erinnert der Märchenbrunnen vor dem Marionettentheater auf dem „Kumpen" an die von ihnen gesammelten Geschichten. In unmittelbarer Nähe befindet sich die Katharinenkirche, eine zwischen 1481 und 1511 erbaute spätgotische, zweischiffige Hallenkirche. Die ehemals reformierte Kirche wird heute nicht mehr als Gotteshaus genutzt. (Gräber der Familie Grimm sind seitlich vor dem Altar zu finden: Die Großmutter sowie die Tante der Gebrüder Grimm und der Sohn Friedrich Grimm, ehemals Pfarrer in Hanau, sind hier bestattet.)

Reinhardskirche in Steinau an der Straße

Die lutherische Reinhardskirche, unter dem Grafen Reinhard von Hanau zwischen 1724 bis 1731 errichtet, erhebt sich mit ihrem wohlgeformten Turm über die Dächer des Städtchens. Von Steinau aus, der Kinzig in Richtung Quelle folgend, führt die Deutsche Märchenstraße nach Schlüchtern. Ebenfalls an des Reiches Straße gelegen, nahm das Städtchen Teil an blühendem Wandel und Handel. Das ehemalige Benediktinerkloster mit seiner noch

Steinau an der Straße

Schlüchtern, Kirchenmusikalische Fortbildungsstätte

erhaltenen Krypta aus dem 8. Jahrhundert ist das älteste Gebäude der Stadt und deren Keimzelle. Eingerahmt von schmucken Fachwerkhäusern befindet sich heute in seinen Räumen ein Gymnasium und die Kirchenmusikalische Fortbildungsstätte der Evangelischen Kirche von Kurhessen-Waldeck, eine der ersten Adressen für angehende Kirchenmusiker aus ganz Deutschland. 1539 führte der damalige Abt Petrus Lotichius die Reformation ein und wandelte das Kloster in eine Schule um. Der Glockenturm der evangelischen Stadtkirche St. Michaelskirche stammt aus dem 14. Jahrhundert.

Abt Petrus Lotichius

So unterschiedlich sich die Region an Main und Kinzig gibt, so verschieden ist das kirchliche Leben. Doch beides gehört zusammen: In der Region leben und arbeiten und doch global denken. In Partnerschaftsbeziehungen des Kirchenkreises Hanau-Stadt zu Madikwe in Afrika und des Kirchenkreises Hanau-Land seit 1970 zu Kalimantan/Indonesien kommt es zu einem Austausch über Nationen und Sprache hinweg. Und der Kirchenkreis Schlüchtern unterhält nun eine lebendige Partnerschaft zur Ost- und Küstendiözese der Evangelisch-Lutherischen Kirche in Tansania.

Fredy F. Henning

Christliche Kultur mit großer Tradition

■ Die Darstellung des letzten Abendmahls, das Jesus mit seinen Jüngern feierte, steht im Mittelpunkt des spätgotischen „Passionsteppichs“ (um 1400) in der Marienkirche. Zusammen mit dem „Weihnachtsteppich“ diente er der Abdeckung des Hochaltars während der Advents- und Passionszeit ■ Die Kirche in Unterreichenbach aus dem 18. Jh., wegen ihrer Größe auch „Vogelsberger Dom“ genannt, ist das dritte Bauwerk an dieser Stelle innerhalb von etwa 1200 Jahren. Unterreichenbach gehört zu den ältesten Siedlungsgebieten in Hessen. Die Franken gründeten hier Klöster und Dörfer, Mönche aus Fulda errichteten hier die erste Kirche, die bis ins späte Mittelalter die einzige im Umkreis war ■ Der Sandsteinlettner der Marienkirche in Gelnhausen. Er trennt den Chor von der übrigen Kirche. Die Reliefs sind eine Darstellung des Jüngsten Gerichts ■ Die Kaiserpfalz in Gelnhausen, 1170 von Kaiser Friedrich Barbarossa gegründet

■ Im Evangelischen Gemeindebildungszentrum Bad Orb: Landeskirchenmusikdirektor Martin Bartsch vor dem Klangtuch, das an die „KlangReise“ erinnert, eine 13-teilige Konzertreihe 1999/2000 im Sprengel Hanau ■ Die evangelische Kirche in Meerholz: ungewöhliche Altarwand mit Kanzel. Neben ihr fast lebensgroße Figuren von Luther und Calvin ■ Modernes Kirchenfenster in der Johanneskirche Freigericht, von dem örtlichen Künstler Werner Rücker aus dem Jahr 1994 ■ Kindergottesdienst in der Johanneskirche in Freigericht ■ Gottesdienst im Schloßpark Wächtersbach ■ Waldensberg: Frauen in der Tracht der Waldenser zum 300-jährigen Jubiläum der Kirchengemeinde und des Dorfes

■ Unweit von Schlüchtern liegt Ramholz mit seiner Barockkirche von 1788. In ihr befindet sich eine der schönsten Orgeln der Region - mit eindrucksvoll bemalten Orgelpfeifen ■ Kirche Bad Soden-Salmünster. Benedikt Werner Traut: „Der menschliche Gott - Der göttliche Mensch" 1996/97. Farbige Glasscheibe, 3 m Durchmesser. An zwei Stahlseilen frei von der Decke hängend im Altarraum ■ Die ehemals zweistöckige Andreas-Kapelle im Kloster Schlüchtern, um 1200 erbaut, ist das älteste kirchliche Baudenkmal des Kinzigtales ■ Autobahnkapelle auf dem Rastplatz Schlüchtern Nord (2001 eingeweiht) ■ Kirchenfenster in Hintersteinau: Die drei 1989 neugestalteten Fenster orientieren sich an den drei Artikeln des Glaubensbekenntnisses. Das Fenster der Südseite nimmt die Pfingsterzählung auf. Entwurf und Gestaltung: Jakob Schwarzkopf, Trier

Kinzigtal, Spessart, Landrücken ... wo Kurhessen-Waldeck Bayern berührt

■ Maria mit dem Kind: Fragment eines Altarretabels (2. Hälfte 15. Jh.) aus der Kirche Kempfenbrunn ■ Taufstein von 1534 in der Stadtkirche Schlüchtern ■ Kirche in Niedernzell, erbaut 1911 ■ Turm der Stadtkirche Schlüchtern ■ Im Wald oberhalb des Parks von Schloß Ramholz und der Kirche finden sich Reste der Steckelsburg. Der Humanist und Renaissancedichter Ulrich von Hutten wurde hier geboren und kehrte immer wieder hierher zurück ■ Ulrich von Hutten (1488-1523)

Der Rennsteig bei Brotterode
mit Blick zum Inselsberg

Ein Fluß mit viel Geschichte:
Die Werra bei Breitungen

Wo der Rennsteig am schönsten ist:
Natur pur bei Oberschönau

Titelbild: Blick durch das Tor von Schloß Wilhelmsburg auf die Stadtkirche Schmalkalden

Zwischen Rennsteig und Rhön

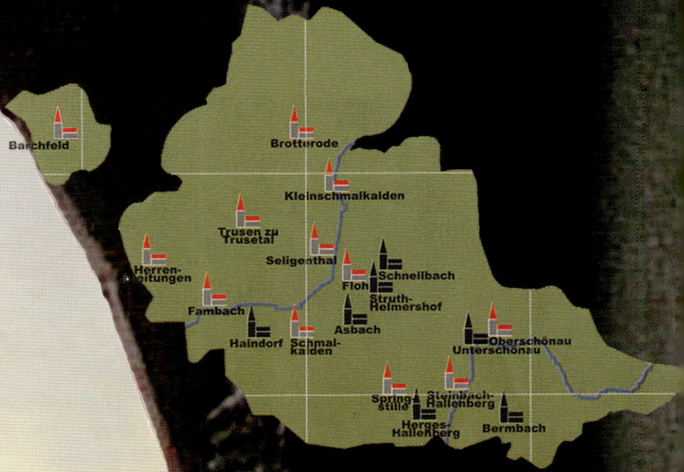

Der Blick durch den Torbogen des Schlosses Wilhelmsburg auf die beiden Westtürme der Evangelischen Stadtkirche St. Georg: Sie prägen das Bild der schönsten Fachwerkstadt Thüringens: Schmalkalden, 1125 Jahre alt. Nach ihr nennt sich der östlichste Kirchenkreis der Evangelischen Kirche von Kurhessen-Waldeck. Er liegt mitten im Bundesland Thüringen. Schon die Reise nach Schmalkalden ist ein Erlebnis. Wer mit dem Auto kommt, verläßt die A7 Richtung Dresden bei Eisenach und fährt durch die Lutherstadt Richtung Meiningen. Die Bundesstraße 19 windet sich steil zum „Rennsteig" hinauf, dem berühmten Höhenwanderweg des Thüringer Waldes - 168 km lang. Wenn man dann - zwischen Rennsteig und Rhön - ins weite Werratal herunterkommt, erreicht man schon in Barchfeld das Gebiet des Kirchenkreises Schmalkalden. Doch Barchfeld ist eine Exklave. Das Umland gehört zur Evangelisch-Lutherischen Kirche Thüringens. Erst ab Breitungen ist man wieder auf dem Gebiet der EKKW. Das Schloß, die romanische Klosterbasilika aus dem 12. Jahrhundert und die alte Dorfkirche Herrenbreitungen - oberhalb der Werra gelegen - sind schon von weitem zu erkennen. Nach wenigen Kilometern verläßt man das Werratal und fährt auf den Thüringer Wald zu: Bald grüßen die Türme der Stadtkirche St. Georg in Schmalkalden.

Schmalkalden: Blick über die Altstadt zum Schloß Wilhelmsburg

Erinnerung an eine große Zeit: Das Lutherhaus in Schmalkalden

Ein Stück Hessen mitten in Thüringen

Es liegt weit zurück, was dazu geführt hat, daß Schmalkalden und der Kirchenkreis „hessisch“ wurden. Im Jahr 874 erstmalig in der Schenkung an das Kloster Fulda erwähnt als „villa Smalacalta“, gehörten Schmalkalden und Umgebung zur Landgrafschaft Thüringen, zu den sogenannten Ludowingern. Bekannteste Vertreterin dieses Landgrafengeschlechtes ist die spätere „Heilige Elisabeth“ von Thüringen.

Abschied der Elisabeth von Thüringen von ihrem Gemahl Landgraf Ludwig IV. Glasfenster, Elisabethkirche in Marburg

Als Gemahlin des Landgrafen Ludwig IV. begleitete sie ihren Mann zu seinem Kreuzzug 1227 von der Wartburg bis nach Schmalkalden. Hier sollen die beiden herzzerreißend Abschied voneinander genommen haben.

Das Wappen des Altkreises Schmalkalden

Das Wappen des Altkreises Schmalkalden zeigt mit der Henne, dem Thüringer und dem Hessischen Löwen und der Sächsischen Raute den wechselvollen Verlauf der weiteren Geschichte: Der Landgraf starb während des Kreuzzuges. Im späteren „Thüringer Erbfolgekrieg“ wurde die Landgrafschaft geteilt: Sophie von Brabant, Ludwig und Elisabeths Tochter, bekam den hessischen Teil. Heinrich von Meißen erhielt den thüringischen, in dem Schmalkalden lag, der dann aber später in den Besitz der Grafen von Henneberg kam. An sie erinnert die „Henne“ im alten Wappen.

Der „Hessenhof“ in Schmalkalden

Im Jahr 1360 zwang Geldnot die Henneberger dazu, die Hälfte von Schloß und Stadt Schmalkalden zu verkaufen. Käufer war Landgraf Heinrich von Hessen. So kam der Hessische Löwe ins Wappen. Als nach dem Aussterben der Henneberger Grafen 1583 ihre Grafschaft aufgeteilt wurde, fiel der nördliche Teil an Hessen und der südliche an Sachsen, was die „Sächsische Raute“ bezeugt. Der benachbarte Kirchenkreis Suhl gehört auch heute noch nach Sachsen-Anhalt, und der von Schmalkalden (wieder) nach Hessen und zur Evangelischen Kirche von Kurhessen-Waldeck.

Der große „Hessenhof“ am Neumarkt zeugt von der hohen Bedeutung, die Schmalkalden als die zweitgrößte Stadt in Hessen hatte. Hier finden sich die ältesten profanen Fresken Deutschlands, die Bilder aus der Iwain-Sage.

Bilder aus der Iwain-Sage im Hessenhof: Die ältesten deutschen profanen Fresken

„Blinde Hessen“ wurden die Schmalkalder früher geschimpft, weil säumige hessische Beamte weit weg strafversetzt wurden und so hierher kamen. In Schmalkalden, so meinte man, können sie kaum Schaden anrichten und sind „unter sich“ - Kassel ist weit.

Bis 1944 stand unter den Ortsschildern: „Kreis Herrschaft Schmalkalden - Regierungsbezirk Kassel“, danach kam Schmalkalden politisch zu Thüringen.

Nach dem Kriegsende 1945 war der Kirchenkreis als Teil der sowjetischen Besatzungszone durch die Zonengrenze von seiner Landeskirche völlig abgeschnitten. Trotz aller intensiven Bemühungen um Zusammenhalt mit der kurhessischen Kirche waren die politischen wie die wirtschaftlichen Verhältnisse in den beiden Teilen Deutschlands zu gegensätzlich. Darum kam es am 1. Februar 1972 zur Angliederung an die Evangelisch-Lutherische Kirche in Thüringen. Der Vertrag enthielt weitblickend den Passus, daß dieser Kirchenkreis zu seiner angestammten Landeskirche zurückkehren wird, sobald es die politischen Verhältnisse ermöglichen.

Evangelische Kirche von Kurhessen-Waldeck
Der Bischof

Eisenach, den 15.3.1991

Evangelisch-Lutherische Kirche in Thüringen
Der Landeskirchenrat

Der Vertrag von 1991 zwischen den Landeskirchen Kurhessen-Waldeck und Thüringen

1991 wurde Wirklichkeit, was kaum noch zu hoffen gewesen war. Kurhessen-Waldeck und Schmalkalden konnten wiedervereinigt werden. Die Bischöfe der Evangelischen Kirche von Kurhessen Waldeck, Jung, und der Evangelisch-Lutherischen Kirche Thüringen, Leich, unterzeichneten den Vertrag.

Zwei Jahrzehnte bestand ein intensiver Kontakt zu Thüringen, ohne daß freilich die kurhessischen Besonderheiten aufgegeben wurden: Die Gottesdienste und alle Amtshandlungen erfolgten nach der kurhessischen Ordnung. Der Kirchenkreis hatte ein Gesangbuch mit eigenem Anhang und der bescheidenen Verwaltung lagen kurhessische Richtlinien zugrunde. Niemand war so blind, die alte ge-

Evangelische Kirche in Haindorf

wachsene Bindung an Kurhessen-Waldeck aufzugeben, wenn es auch von Seiten des DDR-Staates angestrebt war. Es gab hin und wieder gemeinsame Konferenzen und natürlich Patenschaften zwischen Kirchengemeinden in „West" und „Ost". Schmalkalden blieb „hessisch", obwohl es ein Teil der DDR und ihrer „Kirche im Sozialismus" war.

Die zum Gemeindehaus umgebaute Pfarrscheune in Haindorf

Was im großen gesamtdeutschen Rahmen gilt, gilt auch für die Entwicklung in diesem Kirchenkreis: Die deutsche Einheit und die Wiedereingliederung des Kirchenkreises in die angestammte westliche Landeskirche hatten zu belebenden Impulsen geführt. Äußere Beispiele dafür sind unter anderem Gemeindehausbauten wie etwa der Ausbau der Pfarrscheune in Haindorf, oder der Neubau in Floh-Seligenthal. Hier hatte die Kirchengemeinde unter den schwierigen Verhältnissen des Sozialismus die alte Pfarrscheune zum Gemeinderaum umgebaut. Im Winter wurden die Gottesdienste dort gefeiert, und das gesamte kirchliche Leben des Ortes fand in diesen schlichten Räumlichkeiten statt. In vielen Gemeinden hierzulande stehen vergleichbare Bauten. Sie sind der einzige, oft bescheidene Platz für das Gemeindeleben.

Gemeindehaus-Neubau in Floh-Seligenthal

Das alte Haus in Floh wurde abgerissen, doch es bleiben Erinnerungen von Glaubenserfahrungen und -verheißungen in schwieriger Zeit. Das gilt auch für das schöne Schmalkaldener Gemeindehaus „Reinhard Naumann" in der Künkelsgasse, 1986 fertiggestellt.

Das Schmalkalder Ev. Gemeindehaus „Reinhard Naumann" in der Künkelsgasse

Als Zeichen der inneren Verbundenheit und Mittel zur Überwindung der Spaltung in Ost und West ist auch das neue Familienbildungszentrum in Brotterode zu verstehen. Ehemals ein Haus und Gelände der „DDR-Volksarmee", ist es heute ein Zentrum für die Vielfalt kirchlicher Arbeit.

Familien- und Freizeitheim Brotterode

Zu seinen zahlreichen Möglichkeiten gehören unter anderem: Urlaub für Familien in der waldreichen Umgebung des Inselsberges; Tagungen und Seminare; Ziel für Tagesausflüge und -fahrten von Gemeindegruppen; Durchführung von Konfirmandenfreizeiten.

Frauentreff in Brotterode

Der Zusammenhalt zwischen dem Dekanat Schmalkalden und seiner Landeskirche Kurhessen-Waldeck wurde 1995 in einem Landeskirchentag von vielen Menschen aus ganz Kurhessen-Waldeck gefeiert und praktiziert. Sein Motto: „Türen öffnen."

Hans-Joachim Scholz

Landeskirchentag in Schmalkalden 1995

Schmalkalden - Stadt der Reformation

Der Blick auf den Marktplatz zeigt die enge Beziehung von Rathaus und St. Georgskirche, in der sich zur Reformationszeit Weltgeschichte ereignete. Hier wurde 1530 der „Schmalkaldische Bund“ von den führenden evangelischen Fürsten, Ständen und Städten zum Schutz der Reformation abgeschlossen. Nie wieder hat Schmalkalden eine so große wirtschaftliche, politische und geistliche Bedeutung erreicht wie in der Reformationszeit

Zu den schönsten gotischen Hallenkirchen zählt die Stadtkirche St. Georg in Schmalkalden. Hier hat Luther gepredigt

Der Reformator wohnte bei der großen Bundestagung 1537 in dem sogenannten „Lutherhaus“. Das „Wappen mit dem Schwan“ erinnert daran. Im Jahr 1537 schrieb Luther die „Schmalkaldischen“ Artikel: „Dis sind die Artikel, darauff ich stehen muß, und stehen wil bis jnn meinen tod, ob Gott wil.“

Das „Lutherstübchen“ in der St. Georgskirche - Luther hat sich hier aufgehalten - birgt kostbare Ausstattungsstücke, wie z.B. das Gemälde „Heilige Sippe“, das um 1520 entstand

Artickel/
so da hetten sol
len auffs Concilion zu
Mantua / oder wo es würde
sein / uberantwortet werden /
von unsers teils wegen.
Und was wir annemen
oder geben kündten
oder nicht etc.
D. Mart. Luth.
Wittemberg.
M. D. XXXVIII.

Schloß Wilhelmsburg, als rechteckige Vierflügelanlage mit Treppentürmen im Innenhof, auf altem Grund erbaut, birgt in sich eine Kostbarkeit von besonderem Wert:

Die Schloßkapelle ist ein rechteckiger Raum mit doppelstöckigen Emporen und hat eine Besonderheit: Konsequent, wie sonst kaum noch einmal im evangelischen Kirchenbau, wurde hier in einer Bauform umgesetzt, was Anliegen der Reformation war. Alle wichtigen Teile eines Gotteshauses sollten im Blickfeld der Gemeinde sein: Altar, Taufstein, Kanzel, Sängerempore und Orgel sind an der Stirnseite übereinander angeordnet. Eine weitere Besonderheit dieser zum Vorbild gewordenen Schloßkapelle ist, daß die beiden Sakramente der evangelischen Kirche, Taufe und Abendmahl, am selben Platz, dem Altartisch, gefeiert werden. Der in die Altarplatte eingearbeitete Taufstein bildet mit seinem Schaft inmitten der vier Evangelisten-Symbole die fünfte Säule, auf denen die Altarplatte ruht. So wird in dieser Bauweise als Einheit symbolisiert, was christlichen Glauben begründet und lebendig hält: Wort und Sakrament.

Mehrere Dorfkirchen in und um Schmalkalden - wie zum Beispiel in Asbach - haben diesen Bautyp in ihren Altären übernommen. Die fünf Säulen können aber auch noch anders gedeutet werden: Auf den fünf Büchern Mose, dem „Gesetz" des jüdischen Glaubens im Alten Testament, ruht das Neue Testament mit seinem Evangelium des christlichen Glaubens.

Große Kunst und kleine Kostbarkeiten

Die Basilika in Breitungen ist neben der Wilhelmsburg mit seiner Schloßkapelle und der Stadtkirche St. Georg in Schmalkalden das dritte große und bedeutende Kunstwerk im Kirchenkreis. Im Jahre 1112 wurde die frühromanische Klosterkirche in Herrenbreitungen geweiht. Das Kloster, erstmals 1049 erwähnt, liegt oberhalb der Werra. Kirche, Schloß und Nebengebäude sind ein beeindruckendes Ensemble mittelalterlicher Baukunst. Die Basilika gilt als älteste erhaltene Kirche der Hirsauer Kongregation in Thüringen.

In Haindorf, kurz vor Schmalkalden, steht eine der ältesten Kirchen des Kirchenkreises, deren ursprünglicher Zustand gut erhalten ist. Der Gaffkopf, der dem Bösen die Zunge herausstreckt, ist über dem Westportal zu sehen.

In der Kirche - der ehemaligen Wallfahrtskirche St. Marien - findet sich diese spätgotische sogenannte „Krippe“, die vermutlich ein „Heiliges Grab“ ist. Solche „Heiligen Gräber“ wurden von den mittelalterlichen Wallfahrern in Verehrung des Grabes Jesu und Jerusalem geschaffen.

In Erinnerung an die großen Tage in Schmalkalden ließ der Besitzer des Lutherhauses 1538 acht kreisförmige Glasbilder an den Fenstern von Luthers Wohnung anbringen - Kleinode hessischer Renaissance-Glasmalerei. Um sie zu schützen, waren sie seit 1880 im Haus verborgen. Im Zusammenhang mit der Entstehung dieses Buches wurden sie aus der Versenkung geholt, in Farbe fotografiert und sollen wieder in den Fenstern des Lutherhauses sichtbar werden. Auf dem gezeigten Beispiel hat sich eines der ältesten hessischen Wappen im Original erhalten.

Die Kunstfertigkeit der Schmalkalder im Umgang mit Metall zeigt das schmiedeeiserne Grabkreuz für Pfarrer J. S. Lucas (1645-1715) in der Kirche Springstille Zu den Kunst-Raritäten im Kirchenkreis Schmalkalden zählt das Abendmahlsbild in der Asbacher Dorfkirche von Vater und Sohn Fabarius aus dem 18. Jahrhundert. Es zeigt als zwölften „Jünger" - eine Frau! Die Stifterin des Bildes wurde in den Kreis der Jünger aufgenommen

Eine ungewöhnliche Darstellung des Malers Fabarius, „Die Beschneidung Jesu", in der Stadtkirche Steinbach-Hallenberg: Nicht Maria, wie sonst üblich, sondern Josef hat das Jesuskind auf dem Schoß Zu den kleinen Kostbarkeiten an Kunstschätzen gehören auch die Intarsien an der Kanzel in Fambach In der Kirche in Trusetal gibt es umfangreiche Rokokomalereien am Muldengewölbe der Holztonnendecke Das Wandbild über Altar und Kreuz in der Kirche Rotterode wurde von einheimischen Handwerkern zur DDR-Zeit 1955 geschaffen. Der Auferstandene segnet die Jünger und sendet sie zum Dienst in die Welt Das Tafelbild, um 1500 entstanden, in der Stadtkirche St. Georg in Schmalkalden zeigt Jesu Darstellung im Tempel. Der alte Simeon hält das Jesuskind auf seinen Armen

Kirchliches Leben - Tradition und Aufbruch

■ Taufe einer Jugendlichen im Rahmen eines Gottesdienstes zur Silbernen- und Goldenen Konfirmation in Seligenthal. Solche Feiern sind Zeichen einer ungebrochenen Akzeptanz der evangelischen Kirche in vielen Gemeinden des Kirchenkreises
■ Den kleinsten Kirchsaal in Kurhessen-Waldeck finden wir in Trusen, Ortsteil Laudenbach. Unter erheblichen Schwierigkeiten wurde er während der DDR-Zeit eingerichtet und wird auch heute noch genutzt
■ Eine der größten Glocken in der Evangelischen Kirche von Kurhessen-Waldeck ist die „Große Oster". Sie hängt im Turm der Stadtkirche St. Georg in Schmalkalden
■ Zeichen einer lebendigen Jugendarbeit: Jugendliche des Gospelchores in Seligenthal
■ Zur Kirchengemeinde in Steinbach-Hallenberg gehört ein großer Posaunenchor

Bergbau-Jubiläumsfeier in Trusetal. Umzug nach dem Gottesdienst ■ Simultangebäude in Bermbach: Unter einem Dach sind Kirchsaal und Bürgermeisteramt oder auch Kindergarten vereint ■ Sonntagsgottesdienst im Kirchsaal Mittelstille, der auch ein Teil eines Simultangebäudes ist ■ Die „Heiligenmeister" - Männer, die zwei Jahre lang ehrenamtlich Kirchendienst versehen - beim Kollekteneinsammeln im Gottesdienst in Steinbach-Hallenberg

■ Behinderte in der neuen Behinderten-Werkstätte in Trusetal ■ Evangelisches Altenhilfezentrum in Steinbach-Hallenberg. Eine große, neugebaute Einrichtung, die zur Altenhilfe Hofgeismar gehört ■ Alte Trachten-Tradition neu belebt: Die Volkstanztrachten-Gruppe in Seligenthal ■ Im Kirchenkreis gibt es noch einige Männerchöre, die traditionell auch in den Kirchen auftreten, wie der Chor der Gemeinde Schnellbach, die zum Kirchspiel Seligenthal gehört

INHALT

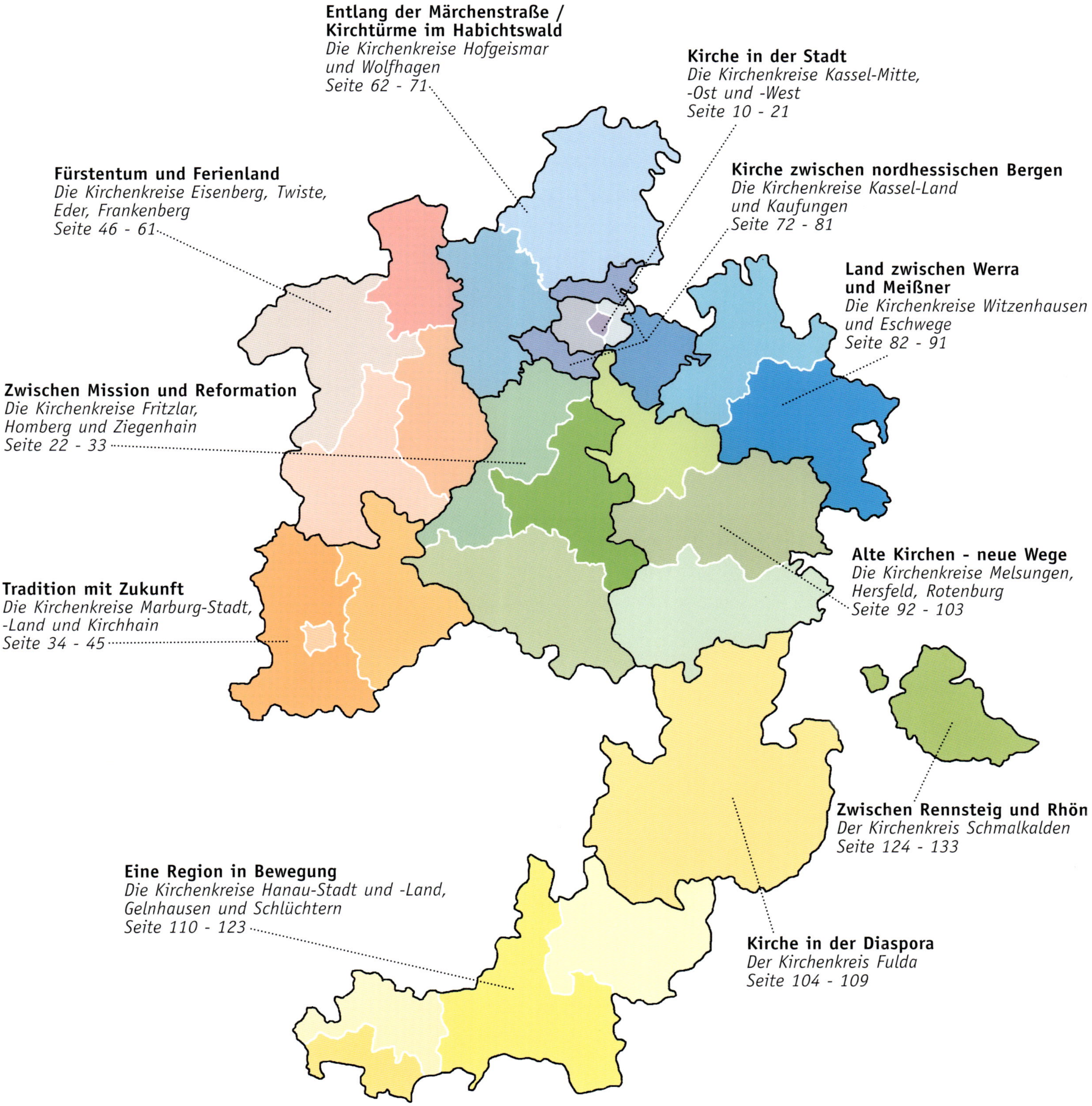

Entlang der Märchenstraße / Kirchtürme im Habichtswald
Die Kirchenkreise Hofgeismar und Wolfhagen
Seite 62 - 71
Kirche in der Stadt
Die Kirchenkreise Kassel-Mitte, -Ost und -West
Seite 10 - 21
Fürstentum und Ferienland
Die Kirchenkreise Eisenberg, Twiste, Eder, Frankenberg
Seite 46 - 61
Kirche zwischen nordhessischen Bergen
Die Kirchenkreise Kassel-Land und Kaufungen
Seite 72 - 81
Land zwischen Werra und Meißner
Die Kirchenkreise Witzenhausen und Eschwege
Seite 82 - 91
Zwischen Mission und Reformation
Die Kirchenkreise Fritzlar, Homberg und Ziegenhain
Seite 22 - 33
Alte Kirchen - neue Wege
Die Kirchenkreise Melsungen, Hersfeld, Rotenburg
Seite 92 - 103
Tradition mit Zukunft
Die Kirchenkreise Marburg-Stadt, -Land und Kirchhain
Seite 34 - 45
Zwischen Rennsteig und Rhön
Der Kirchenkreis Schmalkalden
Seite 124 - 133
Eine Region in Bewegung
Die Kirchenkreise Hanau-Stadt und -Land, Gelnhausen und Schlüchtern
Seite 110 - 123
Kirche in der Diaspora
Der Kirchenkreis Fulda
Seite 104 - 109

BILDNACHWEIS

Titelseite: Heinz Ebrecht, Axel Häsler, Gerhard Jost, Medienzentrum der Ev. Kirche von Kurhessen-Waldeck (EKKW), medio.
Seite 4 - 6: Hephata, Gerhard Jost, Medienzentrum der EKKW.
Seite 7 - 9: Fürstlich Waldecksche Kirchenordnung, Gerhard Jost, Kalender der Kreissparkasse Waldeck, Sammlung Waßmann.
Seite 10 - 21: Frank Bolz, Heinz Ebrecht, Ev. Stadtjugendpfarramt Kassel, Gesamtverband der Ev. Kirchengemeinden in Kassel, Ruth Gütter, Gerhard Jost, Helmut Kleinschmidt, Medienzentrum der EKKW.
Seite 22 - 33: Aero Monofot GS 300/8242, Hans-Helmar Auel, Manfred Delpho, Heinz Ebrecht, Erika Eckhardt, Ev. Dekanat Homberg, Ralf Gebauer, Matthias Hempel, Hessisches Diakoniezentrum Hephata, Gerhard Jost, Medienzentrum der EKKW, Melanchthonschule Steinatal, Foto Odyk, Susanna Petig, Silvia Scheffer, Klaus Sippel, Karl-Ludwig Voss, Dieter Werkmeister.
Seite 34 - 45: Erhart Dettmering, Maik Dietrich-Gibhardt, Heinz Ebrecht, Ev. Dekanat Kirchhain, Ev. Familienbildungsstätte Marburg, Ev. Kirchengemeinden Elisabethkirche Marburg, Elnhausen, Rauschenberg, Schweinsberg, Emmi Frenzel, Gerhard Jost, Medienzentrum der EKKW, Hans-Wilhelm Rothermund, Karl-Ludwig Voss, Friedhelm Wagner, Martin Zekel, Gerhard Zimmer.
Seite 46 - 61: Bathildesheimer Diakoniewerke, Diakonissenhaus Arolsen, Heinz Ebrecht, Ev. Kirchengemeinden Haina, Wildungen und Waldeck, Gerhard Jost, Manfred Liebrecht, Medienzentrum der EKKW, Sasha Pfannstiel, Uwe Lutz-Scholten.
Seite 62 - 71: Eckhart Deutsch, Adolf Dick, Heinz Ebrecht, Ev. Kirchengemeinden Bad Emstal-Merxhausen, Lippoldsberg, Immenhausen und Vaake, Dierk Glitzenhirn, Bernd Haustein, Gerhard Jost, Reinhard Löwenstein, Fritz Walter, Arno Wilke.
Seite 72 - 81: Heinz Ebrecht, Ev. Kirchengemeinden Altenritte, Elgershausen, Großenritte, St. Ottilien, Hessisches Diakonissenhaus, Reinhard Heubner, Gerhard Jost.
Seite 82 - 91: Diakoniezentrum Lichtenau, Heinz Ebrecht, Ev. Dekanat Witzenhausen, Ev. Kirchengemeinden Eschwege und Jestädt, Hans Gross, Gerhard Jost, Norbert Krause, Medienzentrum der EKKW.
Seite 92 - 103: Fa. B. Braun, Heinz Ebrecht, Ev. Kirchengemeinden Bebra, Ellenberg, Hersfeld, Nentershausen, Neukirchen, Rotenburg, Reinhard Heubner, Gerhard Jost, Günter Kaltschnee, Gerald Schmidtkunz, Neville Wiliamson.
Seite 104 - 109: Hans-Dieter Credé, Ev. Kirchengemeinden Bad Salzschlirf, Fulda-Lutherkirche, Gersfeld, Großenlüder, Schlotzau, Ziehers-Nord, Gerhard Jost, Peter Klein, Hans-Martin Kümmel, Walter Schmitt.
Seite 110 - 123: Gernot Bohlender, Hartmut Darmstadt, Heinz Daume, Ev. Kirchengemeinden Bad Soden-Salmünster, Freigericht, Kilianstädten, Ramholz, Windecken, Jutta Groeneveld, Axel Häsler, Fredy F. Henning, Bertram Hochstetter, Gerhard Jost, Kurt Käppeler, E. Jakobus Klonk, Uwe Langenbach, Stefan Lotz, Medienzentrum der EKKW, Wolfgang Schade, Uwe Steuber.
Seite 124 - 133: Heinz Ebrecht, Ev. Kirchengemeinde Trusetal, Gerhard Jost, Medienzentrum der EKKW, Hans-Joachim Scholz.
Seite 135: Landeskirchliches Archiv der EKKW, bearbeitet von Gerhard Jost.